岩 波 文 庫
34-228-2

国　民　論

他 二 篇

マルセル・モース著
森 山 工 編訳

Marcel MAUSS

Appréciation sociologique du bolchevisme, 1924

La nation, 1953–54

Les civilisations: éléments et formes, 1930

凡例

一、本書は、マルセル・モースの政治・文明論から主要な論考を選んで編んだものである。翻訳にあたっては、それぞれ次に掲げる初出版を底本とした。ただし、各論考について括弧内に掲げる再録版もしくは校訂版も適宜参照した。

「ボリシェヴィズムの社会学的評価」

« Appréciation sociologique du bolchevisme », *Revue de métaphysique et de morale*, 31e année, n° 1, 1924, pp. 103–132 (Marcel Mauss, *Écrits politiques*, Paris: Fayard, 1997, pp. 537–566).

「国民論」

« La nation », *Année sociologique*, 3e série, 1953–54, pp. 5–68 (Marcel Mauss, *Œuvres* 3, Paris: Les Éditions de Minuit, 1969, pp. 571–625 / Marcel Mauss, « Introduction », « Nations et nationalités », « Les phénomènes internationaux », *La *nation*, édition et présentation de Marcel Fournier et Jean Terrier, Paris: Presses Universitaires de France, 2013, pp. 65–114, 117–149).

「文明——要素と形態」

« Les civilisations: éléments et formes », *Civilisation: le mot et l'idée*, Paris: La Renaissance du livre, 1930, pp. 81–108 (Marcel Mauss, *Œuvre* 2, Paris: Les Éditions de Minuit, 1969, pp. 456–479, 484–485).

二、原文におけるイタリック体は、書名の場合には『　』に入れ、一般的な表現の場合には傍点を打って訳した。原文におけるギュメ（《　》）は、原則として「　」で示した。また、原文において語頭が大文字で強調されている表現は、固有名詞ないしそれに類するものをのぞき、原則として〈　〉で示した。

三、原文で参照されている論文名、書名・紙誌名を欧語で表示する場合、論文名は立体で、書名・紙誌名はイタリック体で、それぞれ示すのを原則とした。

四、原文の一段落が極端に長い場合には、訳者の判断で段落分けを施した箇所がある。また、訳文の構成上、原文の一部を、原文にはない（　）に追い込んで訳出した場合がある。

五、原注は、論考ごとに、（1）、（2）、（3）……の通し番号を付し、原則として各段落末に訳出した。

六、訳注は、原則として本文および原注のなかに二行の割注として挿入した。ただし、訳注のうち割注に収まり切らないものについては、論考ごとに、＊1、＊2、＊3……の番号を付し、本書の巻末に一括して示した。

七、モースが引用するギリシア語、ラテン語などの原語については、モース原典の表記を踏襲することを原則としたが、明らかな誤記・誤植と思われるものについてはこのかぎりではない。

目　次

ボリシェヴィズムの社会学的評価

結論章への序説

本章は、ある短い著作の最後の章である。その著作においてわたしが試みたのは、オーギュスト・コントがいい、ルヌーヴィエもいったような意味で、重大な同時代的出来事を「評価する」ことであった。その出来事とは、ロシア革命がボリシェヴィキ的段階をたどったということである。評価ということばでわたしが意味しているのは、およそどんな先入観念(倫理学的な、歴史哲学的な、政治学的な先入観念)とも無関係に、ある社会的な出来事が、それを一部として含む社会的な事象の連鎖のなかにどんな新しいものをもたらし、それがどれほどなくてはならないものなのか(それが事象の連鎖のなかでどれほど正しく、どれほど間違ったものなのか、とはいわないでおく)を評定しようと試みることにすぎない。ただし、そうした社会的事象、もしくは事象システムは、それ自体がいかなる目的論的見方も抜きにして考察されることが必要である。ボリシェヴィキの実験(共産主義者自身がこういっているのだが)は、どの程度までロシア社会を社会生活の新形態へと前進させているのだろうか。ボリシェヴィキの実験が生みだした成果から、わたしたち西欧の諸国民もこの種の形態へと進みつつあると判断してよいのだろうか。社会的事象のこの巨大な集積体を分析するとき、わたしが考慮したいと思っているのがこのことである。

その一方、本著作は純粋社会学ではない一連の研究の一部をなしており、「政治科学」的な、あるいはこういってよければ「応用社会学」的な研究の一部をなしている。そのため、ここでの「評価」も、実践的な諸結論を含んでいる。学問というのは、現実に遅れて、それを後追いするものであることをみずからに許して臆するところがない。だが、行動はそうした遅延を許容してはくれない。〈政治〉は、そうした遅滞なしに、実践的な結論を期待している。ここでの「評価」も、それと同じような実践的な結論を含んでいるわけである。そうした実践的な教えが、多少なりとも一般的な射程を備えた理論的な諸考察と一緒になったものを、本論でわたしは提示する。さらにわたしは、一般政治学的な示唆をそこに加味する。法哲学的な、という向きもあるかもしれないが、いずれにしても実践を志向した示唆である。最後にわたしは、この人為の仕業にかんして、政治方法論的で論理的な原理と教訓とを述べて終わる。原理にせよ教訓にせよ、この重大な社会的経験を分析することから引きだされると、わたしが考えているものである。

わたしとしては著作の全体を近々公にできることを期待している。それまでのあいだ、当座は本章をそこから独立して公表し、本章が前提としているさまざまな証拠資料とは切り離して公表することをお許し願いたい。また、本著作の全体がどのような章立てのもとに本章を位置づけているのかを示すこともお許し願いたい。

以下に各章のタイトルを示すが、わたしがここでどのような論証の筋道を考えているかは、これを見ればご理解いただけることだろう。

一、序論。
二、いかなる意味においてボリシェヴィキの実験は実験であったのか、そしていかなる意味においてそれは社会主義的実験であったのか。
三、テロリスト的段階。
四、道徳的挫折。
五、経済的挫折。
六、新局面――〈新経済〉。
七、政治的成功――近代ロシア国家の形成。

八、結論。

ここに提示するのがこの結論部である。

結　論

I　記述社会学および実証政治学にかんする指摘

わたしは長らくボリシェヴィズムを、その第一期の形態、次いで第二期の形態において研究してきた。その道すがら、いくつかの理論的および実践的教訓を引きだしてきた。そうした教訓を、ここで簡単に振り返っておく。少し乱雑な整理にはなるが、原理として明らかになったものを、一方ではボリシェヴィズムの諸教義と対置させ、他方ではさまざまな政治的教義と対置させてみる。この整理から、今度は他の諸結論が導きだされることになるだろう。

I——ボリシェヴィズムは、みずからが現実主義的であり経験主義的であるというふりをしているが、そうした見せかけとは裏腹に、ボリシェヴィズムは「実験」などではない。それは出来事であり、ロシア革命の一段階である。より正確にいうなら、ケレンスキー体制（第一段階）を経由したのちにあって、ボリシェヴィズムはロシア革命の第二段階、すなわち「共産主義」段階と、第三段階、すなわち「新段階」をなすものである。この革命は意図せず起こったものであった。というのも、戦争から生まれ、荒廃と体制の瓦解から生まれたものであるから。〈社会革命〉として、したがってロシア革命は、考えうる最悪の条件のもとで起こった。革命が奪還して引き取ったものといえば、破綻した社会であったからだ。さらに悪かったのは、この奪還がなされた仕方である。軍と農民の一揆によってなされたのだ。そもそも社会主義的体制が実践的に、かつ堅固に確立されるためには、まずもって社会主義によって共有化《ソシアリゼ》されるものがなくてはならない。それなのに、そのようなものは存在していなかった。それからまた、奪還は最大限の秩序のなかでおこなわれなくてはならない。それなのに、秩序などなかった。

　だが、何よりもまず、この体制が望まれていなくてはならない。この奪還が自覚的でなくてはならない。奪還が多くの大衆《マス》によって明晰なかたちで組織化されていなくてはならない。たとえそれが、開明的な市民の全員一致や、その大多数の一致によって組織化されたものではないとしても、大衆によって組織化されていなくてはならないのである。体制というものは、たとえ民衆体制であっても、国民に押しつけられさえすれば、まずは定着し、次いで受容されるということがあるだろう。最終的に社会主義体制になることもあるだろう。けれどもそれは、体制の奥底から社会主義的であるわけではない。なぜなら、そのそもそもの出発点において社会主義的ではないのだから。じっさい、労働者や兵士たちが専制体制をつくろうものなら、貴族や官吏やブルジョワたちの専制体制と比べて、そちらのほうがより社会的であるとか、より反社会的でないとかということは、必ずしも、そして本来的にはなかったし、現にないのである。

　したがって次のようにいおう。カタストロフィに発した社会主義的な社会が、劣悪な条件のもとで生まれ出たのである、と。そして、たとえそれが社会主義的な体制であったとしても、少数者によって押しつけられた体制であれば、それはもともと望まれていた何らかの体制ほどの価値は決してもたないものである、と。定義の上から、社会主義とは市民の「一般意思」がつくりあげるものでなくてはならないのである。

Ⅱ――およそあらゆる〈社会革命〉はナショナルな性格をもっていなくてはならないであろう。このことは、ソヴィエトに対してどのような大きな難局が突きつけられたのかによって示されている。ソヴィエトに突きつけられた難局とは、以下のことが惹起したものである。第一に、ロシアが抱えていた対外債務の履行を拒否したこと。第二に、外国籍者の資産を補償なしに没収したこと。こうした重大な過ちの結果として、経済封鎖と国際的な排斥運動が引き起こされた。確かに国家には、みずからの法律をその国籍保有者に適用する権利があるし、同様に国にやってきたり、国土に居住することを選択したりした外国人にその法律を適用する権利もある。ところがその一方で、不正義を犯したり、国際的な黙契である国際公法ならびに国際私法を侵犯したりといったふうに見えることは、何であれ避けなければならないであろう。したがって、財産の収用などは国境線を越えたところでおこなってはならないであろうし、国内で外国人に適用する場合でも、それが革命より前からの慣習によって国内で商売をおこなっている外国人たちであれば、その人々の権利にまで踏み込んではならないことになるであろう。

　完全な財産収用は、〈社会革命〉が世界革命として、かつ同時革命としてなされる場合にしか考えられない。じっさい、そのような革命が起きたとすれば、あらゆるところで同時に、国民《ナシオン》のレベルでも個人のレベルでも、私的であれ公的であれ、あらゆる国際的な貸し借りを帳消しにしうるであろう。

以上の考察から、ナショナリズムとインターナショナリズムと、その二つがともに明らかになると考えることができるだろう。二つのうちのどちらをとっても同じである。というのも、中間はないから。補償することなしに財を社会で共有化すること、これがなされうるのは、同じ国民のあいだでにかぎられる。また、これが全面的になされうるのは、人類のすべてにそれが広がる場合にかぎられる。あるいは少なくとも、人類を構成する諸国民のうち、もっとも主要な諸国民にそれが広がる場合に、かぎられるのである。

Ⅲ――ロシア革命の第二段階、すなわち共産主義的段階であり、かつテロリスト的段階であった段階は、本来的な意味では社会主義的ではない。ボリシェヴィズムはいくつかの点で、社会主義以下のものにとどまってしまった。別のいくつかの点では、ボリシェヴィズムは社会主義のかたわらで発展し、社会主義を追い越してしまった。さらに別の点では、ボリシェヴィズムは正真正銘の退行をもたらした。

田舎においてボリシェヴィズムは、フランス革命型の個人主義的な革命をしか実現できなかった。つまりボリシェヴィズムは、農民たちが土地を分けあうに任せただけだったのである。そうでない場合、つまりボリシェヴィズムが農民たちの欲求を押さえ込んだ場合であっても、ボリシェヴィズムは、土地が究極の国有財産であるということにかんする、農民から見ると実効性のない、はるか遠くに位置する諸法によってそうしたにすぎなかった。あるいはボリシェヴィズムは、こうした個人主義的な政策に、せいぜい国家管理主義的《エタティスト》な共産主義を加味したにすぎない。その共産主義たるや、しばしば軍隊的な性格さえともなった厳しい徴発と徴収を通じて表面化していたため、農民たちはそうしたあつかいを受けることが理解できず、意気を挫かれたのだった。こうした相矛盾する二つの施策の結果、農産物の減収と備蓄の散逸が惹起されることとなり、飢饉がもたらされたのである。

ソヴィエトがもっとも社会主義的であったのは、その工業立法によってである。それは、ソヴィエトが工業の所有と運営を国有化し、それを職業団体に引き渡そうと真摯に試みていた時期である。だが、ボリシェヴィキはこの時期をさっさと駆け抜けてしまった。そうしてボリシェヴィキは、みずからの失策に度を失った。ボリシェヴィキは大工業が解体するに任せたため、それで利を得たのは小工業と職人階級ばかりであった。そしてそのかぎりにおいてロシア経済は、所有と技術にかんしては旧式の工業形態へと逆戻りしたのである。あるいはまたボリシェヴィキは、生産体制について、もはや社会主義的・サンディカリスト的でなく、共産主義的で国家管理主義的な体制を、「労働部隊」やら「ナショナル・トラスト」やらなどによって、樹立しようと試みた。そこにおいて生産者は、消費するすべてについて保障されてはいたものの、生産者みずからが組織化するのではない職業へと釘づけにされたのである。

この個人主義と、この国家管理主義《エタティスム》が、ソヴィエトの精神的・物質的失敗の原因の一つであった。ソヴィエトには、必要な精神的な機構が欠けていた。ソヴィエトは職業集団を暴力的に蹂躙し、恐怖させた。ソヴィエトは職業集団をほとんど破壊した。職業集団はすぐれて革命の手段であり、生産の真の担い手であり、財を所有する権利を真に有するものであったはずなのに、ソヴィエトはそれを弱体化させた。それによってソヴィエトは、目的であった生産の集合的な組織化を達成し損なったのである。

最後に、最大の過ちが、消費にかんして社会主義でなく共産主義を樹立しようとしたことであった。たとえば、住居の共産主義がそうである。住居というのはすぐれて個別的な消費の対象物であるにもかかわらず。さらにたとえば、食料品の分配にかんする共産主義もそうだ。確かに配給制をとることは、経済封鎖と飢饉という当時の情勢そのものによって、致し方なく強いられたものであったのは認めよう。けれども他方で、こうした措置は一般的にいって、ヨーロッパ諸社会にとっては耐えがたい経済的措置であることも確かなのだ。

これら一連の事象のすべてにあって、社会主義が責任を有しているのは、労働者委員会が工場の経営を掌握しようとして失敗した試みだけである。

それ以外のすべてのところでは、社会主義とは異なるさまざまなシステムがあり、個人主義への明らかな退行があり、もっと後退したものとして共産主義への退行があって、それらが元凶となることで、さまざまな過誤が犯され、あるいは経済のアルカイックな形態が勝利することになったのである。

Ⅳ――消費の共産化は馬鹿げたものであり、実践的なおこないからは排除されていなくてはならない。しかし、それにも増して馬鹿げていたのは、消費共産主義を確立するために、経済の核心部分をかたちづくっているもの、すなわち市場を、破壊しなくてはならなかったことである。

というのも、百歩譲ったとして、生産物が（在庫の備蓄も含めて）市場に到着するまで統制されているのを想定することはできる。消費制限を設定するのが望ましい場合があるのを想定することだってできる。つまり、生産物を濫用したり独り占めしようとしたりできないようにするのを想定することだってできる。けれども、市場のない社会など、想定することはできない。市場ということばでわたしが意味しているのは、パリ中央市場やらパリ証券取引所やら、あるいはその他さまざまの場所のことではない。それらは市場の外形的な表徴にすぎないのだから。わたしが市場といっているのは、たんに次のような事象である。価格の自由な「需要と供給」が代わるがわるおこなわれ、それによって価格が自然と公に決まってくるという経済的な事象。あるいは、「取引の場」にいる人が、誰でもみずからの望むものを平和裡に、自身の権利を保障されて購入することができ、またみずから望まないものは購入を強制されることがないという法的な事象。市場というこのシステムは、人類の経済史において徐々に発達してきたものであり、現在では生産と消費をほとんど統制している。確かに、生産と消費という機能に対してともに貢献する他のさまざまな社会的事象のシステムが存在する。また、それに効果的に貢献するかもしれないようなこれまでにない新しい他のシステムを想像してみることも可能である。けれども、市場の自由というのは経済生活にとって絶対的に必要な条件である。確認しなくてはならないのは、ソヴィエトが「価格システムから逃れ去る」ことはできなかったということ、これなのである（そう確認することがいかに教条主義的な社会主義者だけでなく、共産主義者や、あるいはソースティン・ヴェブレン氏（アメリカ合衆国の経済学者・社会学者。『有閑階級の理論』で知られる。一九二一年の『技術者と価格体制』で、テクノクラートが形成するソヴィエトによって生産を統制すべきことを説いた）のような著名な経済学者でさえをも落胆させるものであっても）。したがって、知られているいかなる社会であれ、価格システム以外の領域に向かってゆくよう準備が整っているなどというのは疑わしいことである。当面のところ、そしてまた未来を予見できるかぎりにおいても、市場を廃止することにではなく、市場を組織化することにこそ、社会主義は――共産主義は――その進むべき道を求めなくてはならないのである。

V――ほとんどの社会主義的な教義によるならば、将来の社会はお金や貨幣なしでやってゆけるようになるものと予見されている。だが、それはどちらかといえば短絡した、明晰さに欠ける予見である。共産主義の実験は、まさに逆であることを証明した。この国は戦前（第一次世界大戦前）には、一人あたりの資産高と貨幣流通高がぎりぎりの線まで低い国であったが、それであってさえ貨幣をなしにするという試みは実を結ばなかった。金本位貨幣に戻らなくてはならなかったからだ。メキシコやオーストリア、そしてドイツや近い将来のポーランドといった、同じく明々白々な事例も証明しているし、また、いずれ証明することになるはずなのだが、現今の諸社会は、たとえそれがメキシコやロシアのように後進的な社会であっても、あるいは逆にドイツのように高度に文明化された社会であっても、いまだに金《きん》にしか信を置いていないのである。金での価値をあらわす信用取引にしか、あるいは金で取引可能な商品にしか、信を置いていないのである。金、ならびに金としての価値を代行する証券証書が、いまだに個人の購買の自由を保障してくれる唯一の証なのだ。

このように考える人々は正しいのだろうか、それとも間違っているのだろうか。それは別の問題である。わたしとしては、純然たる合理的社会が近いうちにつくられうるなどとは考えていない。わたしたちの言語にしても、わたしたちの技術にしても、不合理的なものや感情的なものや、先入観や慣習的に繰り返しているだけの型にはまった行動や、そういったものを捨て去っているわけではないし、近いうちに捨て去ることもないであろう。言語や技術以外の社会的事象、たとえば法や宗教にしても同じである。それなのに、経済の領域が、すなわち欲求と嗜好の領域である経済の領域が、純粋な合理性の領域であるなどと、どうして望むことができよう。価値に取り憑かれたこの世界、道化師の所作ですらすぐれた発明と同じく特許に値するようなこの世界が、その価値の尺度を突然みずからに禁じるなどと、どうして望むことができよう。この世界が、たとえ粗悪なものであっても計算(*ratio*)のための手段をみずからに禁じ、たとえ愚かしいものであっても合理性の要素をみずからに禁じるなどと、どうして望むことができよう。この世界が、大衆《マス》の知性などというお伽話や、あるいは共産主義者のエリートが呪術と強制をもって大衆に押しつける知性によって、あるとき突然に秩序づけられるようになるなどということが、どうして必然事であろうか。

　したがって、現実的な所与から出発し、徐々に合理性を増すさまざまな形式をその所与に重ねてゆくのがよいのだ。金商人の特権を整序し、制限し、撤廃し、その特権を共同社会に譲渡し、さらには共同社会を組織化して、それが主要な信用供与者となりうるようにするのがよいのである。そもそも現在ソヴィエトはこの方向に進んでいるように見える。国家銀行と人民信用金庫によって。

VI——市場の自由化だけでなく、工業と商業の自由化もまた、およそどんな近代経済にも不可欠の環境である。国家統制主義と官僚主義、あるいは工業の専制的管理、生産の法制化にしろ、行政によっておこなわれる消費の配給分配にしろ、つまりはハーバード・スペンサー（イギリスの社会学者・哲学者。社会進化論を提起し、軍事型社会から産業型社会への制度的進化を論じた）なら「軍事型」経済と呼んだであろう経済は、何にせよ今日の人間が有する「交換を重視する性格《エシャンジスト》」とは逆行している。一般に今日の人間は、自分自身のために労働しているわけではない。だがその一方で、今日の人間が労働し、交換に従事するのは、できるだけ良質な生産物やサーヴィスをできるだけ廉価に獲得するためだけである。もしくは、自分の財や労働をできるだけ高値で売るためだけなのである。

市場と生産（生産ということばには、常のように流通も含めて捉えていることを確認しておく）と消費は規制されうるし、現に西欧ではすでに規制されている。規制は以下のものによっている。私人間の契約や、トラスト、労働者組合や雇用主組合によって。あるいは、消費者間の合意（協同組合）によって。あるいは、産業家、金融資本家、商人のあいだの合意によって。あるいは、公共の法律や規則によって。あるいはさらに、トラスト支配下の資本主義と国家統制主義とが混ざりあったさまざまの混成的組織化によって(1)。

(1)　この種の組織化の例として以下のものを引くことができる。戦前のドイツ法。これによって、カリウムの生産と価格が規制されており、国家とカリウム・トラストに益をもたらしていた。同じように、硝酸塩開発にかかわるチリの法と会社。そして最後に、さまざまな国家と資本家とがつくった半官半民の公社。イギリスでは、こうした公社が石油を生産し、その価格を決定する権利を確保していた(イギリス＝ペルシア石油会社がそれである。もっともこれは解体途上にあるが)。フランスでは、国内で用いられる発動機用燃料にかんし、最近、適用不能でほとんどボリシェヴィキ的な規則が制定されたけれども、これによって国家と石油企業家とアルコール蒸留業者とが結びつき、価格が決定され、技術者や消費者は「国内」産品を使うことを、情け容赦もなく強いられているのだ！

しかしながら、社会主義的な社会でさえ超えることのできない制約が存在する。サーヴィスと財が、討議を経たのちの対価額と引き換えに提供されるのでなく、あらかじめの要請によって提供される場合の制約がそれである。公衆に供給される消費財について、どんな種類でどんな質のものをどれだけ供給するのかが、個人や、個人が自由につくる結社(たとえば消費協同組合)によって決定されるのでなく、それとは違う行為者によって専権的に決定される場合の制約もそうである。

社会主義的な社会というものは、したがって、ある一定量の個人主義と自由主義とを超えたところでしか、そしてそのかたわらでしか、構築されえないものなのであろう。とりわけ経済的なことがらについては。こうした主張を前にして、プルードン主義者なら驚くことはないであろうし、マルクス主義者で驚くのも、分別を失って集合的な所有という概念を消費にまで拡大してしまった者たちだけであろう。こうした制約は、諸政党の短絡的な「合いことば《シボレート》」のなかに入り込んですらいる。政党というのは、「生産手段と交換手段の社会化」だけを想定しているものだから。その一方で、「集合的な所有」は必ずしも国家による所有だとか、国家の専制だとか、あるいは集合体が、所有権をもたされなかったより規模の小さい集合体に対してふるう専制だとかを意味しているわけではない。それとは逆に、個人の自由のかたわらで、個人の自由とは別に――個人の自由とは、協同組合をかえる自由、職業をかえる自由、消費を自己管理する自由などなどである――、商業や工業にかかわる別様の自由が存在する余地がある。その自由とは、集合体それ自体の自由である。協同組合や職業集団その他の自由である。ここでもまた、「自由」ということばと、「集合的な統制」ということばとは、相矛盾するものではないのだ。

Ⅶ――これらの中間集団を尊重し、これらの制度を発達させること（西欧諸社会の大部分では、今やすでにこうした集団も制度も存在している）。これこそが、したがって、社会主義的な体制に向かう上で社会がどんな移行期を経ようとも、およそ移行期にあっては枢要となる仕事である。少なくとも賢明で思慮深い仕事である。これらを維持し続けることが、おそらくは必要なのだ。かつてデュルケームは、職業集団が有する倫理的価値および経済的価値について仮説を提起したけれども、[*1] 特筆すべきなのは、ボリシェヴィキの実験がまさにこの仮説を確証するにいたっていることである。ソヴィエトは組織化の肝心要であるこの要素を傷つけ、壊してしまった。そのことによってまさしくソヴィエトは失敗したのである。

もちろん、デュルケームが他の人々にはるかに先駆けて「制度の社会主義」と呼んだものが、おしなべて社会主義の必要にして十分な形態であるなどということは、完全に確実というわけではない。社会を改革しようとするときには、こうした集団が非常に強力となり、そのありうべき進化が十全に果たされて完了するのを絶対に待たなくてはならないなどと、ボリシェヴィキの失敗でさえいささかも証明してなどいない。それでも結局のところ、こうした制度をなしですまそうとするのには、重大な危険がともなっているのである。

とりわけ、次のことは確実である。もはや社会主義《ソシアリザシオン》の実現を単一の形態においてのみ構想してはならないということ、これである。国家社会主義の形態もしくは職業社会主義の形態においてのみ構想していてはならない。レーニンは、自分が協同組合方式については判断を誤っていたと認めた[2]。今やレーニンは協同組合に希望を見いだしている。このことは、共産主義——それはすなわち強制された協同である——の名のもとに自由な協同を攻撃するのが誤りであることを証明しているのだ。

同じように、自発的な制度をすべて攻撃し、ありとあらゆる運営管理を破壊したことも、誤りだったのである。

(2) 一九二三年三月付の書簡。*Correspondance Internationale* に再録。

Ⅷ——現時点でロシアの〈新経済政策〉は、資本主義と国家社会主義と行政管理的社会主義と自発的集団性と、そして最後に個人主義とが混ざりあったものへと向かいつつある。

ロシアの共産主義は攻勢から守勢へと転じた。もはや、手工業者のプチブルと農民のプチブルを相手に戦っているだけである。それらとても、ロシア共産主義がみずからの意に反してつくりだしたものなのだ。ロシア共産主義はまた、国家の権利を断固として維持しようとしており、産業における集合的な財や産業労働者を国外の資本主義の脅威から守ろうとしている。他方では、この同じ国外の資本主義に訴えかけては無駄に終わっているし、あるいは、可能なときにはそれと協調しており、こちらのほうは一定程度の成功を見ている。

結局のところロシアでは、ようやく形成されつつある近代社会に社会主義が上乗せされているにすぎないのだ。そのロシア近代社会を形成しつつあるのも、お定まりの仕組み(貨幣、信用《クレディ》、国家といった)であり、手工業者および農民という生産者個人個人の個別の財であり、国家の財や、大工業の集合的な、あるいは半集合的な財であり、そして最後に真の公共サーヴィスなのである。

したがって共産主義体制は、その最新の形態において、わたしが社会主義的な規範《ノルム》と見るものへと回帰したのだ。一方でそれは、ある一つの所有形態を他の所有形態に上乗せしている。他方でそれは、わたしの見るところでは正当なことであるが、国民《ナシオン》の卓越した権利を下乗せしている——造語を使っていることをお許し願いたい——。つまり、国民の卓越した権利を、個人的な所有（農民の個人的所有であってさえ）の基底に置いているのである。つまるところそれは、仮構的な権利である。とくにイギリスにあっては。イギリスではあらゆる土地は国王に由来するものなのだから。だが、別のところにあっては、それは規則でなくてはならず、たんに仮構的なだけではすまされないはずなのである。

もう一度繰り返すまでもないことだが、このような地点に到達するためであったのなら、あんなふうにロシアに革命を起こす必要などなかったのだ。また、そうした意味では、わたしたちの西欧諸社会だって、たいした困難なしにうまく改善することができるのである。結論を述べよう。ロシアであろうとこちらであろうと、〈社会主義〉によってありとあらゆる所有形態が廃止され、ただ一つの所有形態がそれに取って代わるなどということはあってはならないことである。そうではなく、〈社会主義〉は、そのただ一つの所有形態のほかの所有形態にも一定数の権利を付与するのでなくてはならない。職業集団の権利や、地域集団の権利や、国民の権利などがそれである。もちろん、新たに導入される諸権利と相矛盾するような権利は、権利システムに反作用をもたらさずにはおかないだろう。なぜなら当然のことながら、たとえば永代相続権であるとか、あるいは地価の上昇分に対する個人の権利であるとかは、社会主義とは（それがいかなる社会主義であろうとも）両立しえないからである。こうした付与も廃止も、ソヴィエトが真になしとげたことであって、それは疑いもなくソヴィエトの業績の堅固な部分をなしている。ソヴィエトがそこにとどまっていてくれたらよかったのに！

したがって、ラッサール（プロイセンの政治学者・社会主義者・労働運動指導者）に着想を得てエマニュエル・レヴィ（モースと同時代のフランスの法学者・社会主義者）が提示した説得的な表現によるならば、「〈社会主義〉とは既得権なき〈資本主義〉なのである」[3]。

（3）*Capital et Travail* (Cahiers du Socialiste).

II　一般政治学的な諸結論

しかし、社会主義にかかわる問題とは別に、他の問題も存在する。それは一般政治学的な問題であり、これについてはボリシェヴィズムにかかわるさまざまな出来事が新しい証拠をもたらしてくれる。新しい光明をもたらしてくれる、とはいわないが。それは原理的な問題であって、政治科学や政治技法論、合理的倫理学や社会科学が成立して以来、長く討議されてきた問題である。それはまた、最新のさまざまな社会学説が依然として討議している問題である。力《フォルス》と暴力《ヴィオランス》の使用の問題、法令や法律の権能の問題が、それだ。

I――暴力がもたらす危険――

わたしは別所で、[4] ボリシェヴィキが暴力をシステマティックに使用したことが何を示唆するか、長い考察を展開したことがある。[*2] ここでは、その暴力が失敗したことを明示するためにのみ、この考察に立ち戻ることにしたい。共産主義者たちは暴力を真の政治的な「神話」となした。信条の対象となしたのである。この点で共産主義者たちはジョルジュ・ソレルにならっていた。[5][*3] 第三インターナショナルは、全期間を通じて暴力をすぐれて革命的な方法と見なしている。共産主義者たちは、すでに着手された〈革命〉を後戻りしようのないかたちで実現する方法として、そしてまた、独裁的プロレタリアートによって制定されるさまざまな法律を適用するための方法として、暴力を推奨している。だが、それだけではない。暴力は共産主義者たちにとって、一種の目標となったからである。彼らはある種の巨大な呪物の人形《プペ゠フェティッシュ》をつくりだし、それに「社会を分娩する力」(マルクス)を備えさせたのだ。共産主義者たちは暴力によって権力を奪取した。彼らは暴力によって権力を行使している。そして、そもそもそれがボリシェヴィキの恒常的な方針だった。応急的に採用された方針などではなかった。そうであるがゆえに、彼らにとって暴力の行使は、プロレタリアートの力と〈革命〉とが無謬であることの表徴となったのである。彼らが共産主義として認定するものは、暴力とテロルがあるときにしか存在しないものなのだ。

(4)《Observations sur la Violence》, *Vie Socialiste*, 1923.
(5) *Réflexions sur la Violence*.

だが、共産主義者たちは産婆と赤児とを混同してきた。じっさいには、大袈裟なことばを使いながら彼らがしていることといえば、自分たちに固有の統治方法を守ることだけなのである。その統治方法にしても、共産主義に特有のものであるわけではなく、むしろロシアに、ビザンティンに、古代に、特有のものなのだ。彼らの暴力が、彼らの意思が、彼らの策謀が勝利をおさめ、次いでテロルと警察機構と諜報活動によって権力の座に維持されたものだから、彼らは自分たちの理論の正しさが証明されたと思い込み、自分たちがふるう暴力が、強大で新規の、社会的な共和国を発顕するものであり、その共和国の魔力であると思い込んだ。彼らは暴力こそが新しい社会を樹立するのだと思い込んだ。だから彼らは、みずからが主導する第三インターナショナルにおいても暴力を推奨したのである。

政党と、政党の理論家たちが、自分自身についてこれほど大きな思い違いを犯したのは、歴史上類例のないことであった。じっさいはというと、暴力がロシアでつくりだしたものといえば、新しい一つの政治形態にすぎないものだったのである。ボリシェヴィキたちがロシア人民に押しつけたのは、新しい社会などではなかった。それは、近代国家であり、ロシア国家だったのである。そして現に、一つの統治形態や少数者の一派が、力《フォルス》と暴力《ヴィオランス》とにより、他を押しのけて幅を利かせるということ、あるいは幅を利かせうるということ、これはもっともなことであると、誰しも思うようになるのである。このかぎりにおいて暴力は標準的な方法であり、そういうものとして別のところでは成功してきたし、彼らのところでも成功したのだ。わたしにしても、暴力の使用が徹頭徹尾有害であったと主張するものではない。

しかし、ボリシェヴィキの暴力は、ツァーリ(ロシア皇帝の称号)がふるってきた旧来の暴力に対する避けがたい対抗暴力であったがため、それがよいことをなしたとすれば、それは暴力が旧来の悪弊を破壊した場合のみであった。それ自体として見れば、暴力は新しい悪であった。なぜなら、確かに暴力は社会機構からありとあらゆる腐敗物を払い落としつつあったのだが、それと同時に暴力は、社会機構の主要な部分をも丸ごと滅し去りつつあったからである。そして、破壊されたこれらの残骸のもとに、膨大な数の観念を押し潰そうとしていたからである。暴力はまた、生きているものどもをも殺していたのだ。

ボリシェヴィキの暴力が政治の外部で何を創造したのか、見つけようとしても無駄であろう。逆に、確信をもって次のようにいうことができる。ボリシェヴィキの暴力こそが、ソヴィエトを破滅に導いたのだ、と。暴力が反革命分子に対して行使されたときには、それにも正当性があったと認めてよい。だが、ボリシェヴィキが犯した重大な過ちは、その暴力を国民全体に対してふるったことである。暴力のおかげで労働者たちは服従している(肉体労働者も頭脳労働者も、都市労働者も農場労働者も)などと主張されているのだから、この暴力について論じておこう。暴力はただ一つの結果しかもたらさなかった。暴力がもたらすと期待されていたのとは、反対の結果である。暴力が経済と新世界とを基礎づけるなどということにはならなかった。暴力は逆に、それらの到来を妨げていたのである。第一に、ボリシェヴィキたちはそのセクト主義により、自分たちと比べると穏健派であると彼らが好んで見なしたがっている社会主義者たちを、すべて迫害し、虐殺し、追放した。追放はいまだに続いている。こうしてボリシェヴィキは、本来なら自分たちの協力者であった者たちを、みずから望んで放棄したのだ。〈社会革命〉などというものに、たくさんの支持者が集まることはないだろうに。

第二に、ボリシェヴィキがプロレタリアや農民たちに押しつけた規律《ディシプリン》は、じつに愚かしいものであった。その結果ボリシェヴィキが現出させたものといえば、労働と交換における意欲の喪失と不誠実な態度だったのである。人は命令されたからといってきちんと働くものなどではない。敵を目前にしたときは別だが、それだって怪しいものだ！「勤勉な労働は平和としか馴染まない」。古いことわざのいうとおりである。ここに「自由としか」というのもつけ加えよう。なぜなら、奴隷や農奴の立場では、高い生産性は決して達成されないから。絶対服従すべきものとして与えられる命令と、その命令を実行させるための暴力。これによって人々は焦燥し、恐怖し、抜け道を探すよう促され、その結果こっそりと逃げだすことになる。これが弱者たちの場合である。あるいは、消極的な抵抗をおこない、怠業するよう駆り立てられる。こちらのほうは、主人が自分に対してあまり手荒な仕打ちには出まいと見当がついており、自分も主人をげんなりさせれば何とかなると期待をもっている(たとえ主人のほうが圧倒的に正しいとしても)人々の場合である。ボリシェヴィキの暴力は、国民の総合的な萎縮をもたらすとともに、国の生産力と創造力の総合的な萎縮をもたらしたのだ。

このような萎縮とは対照的に、共産主義者たちの「新経済政策」によって、彼らは逆に一種の成功へと導かれた。これは先に見たとおりである。テロルののち、ゆっくりとではあるが、〈ロシアの革命家たち〉は、人民がみずからの慣習と法をつくりあげることを少しずつ許容している。彼らは「新段階」を築きつつあるのだ。彼ら自身がそうと認めるか否かにかかわらず、彼らは今や〈革命〉の第三段階にある。暴力が用いられるとすれば、それはもはや体制を防衛するためだけであり、それによってこの体制がみずから創出されてゆくのを見守るという段階である。確かに、わたしがこれを書いているまさに今、モスクワの内政は依然として多種多様な傾向と派閥に引き裂かれ、安定していない。だが、彼らはおそらくは第四段階に、すなわち、彼らがもはや暴力を暴力それ自体のために行使することがなくなり、ただ法の神聖さを守るために行使するようになる段階に、到達するのであろう。そう望もうではないか。そう熱烈に期待しようではないか。

一九二三年一一月には村ソヴィエト(原文を直訳すると「一次ソヴィエト」。複数のソヴィエトが階層的な関係によって組織される行政体系の最末端・最下層のソヴィエトの意)

の選挙がおこなわれる。それによって、次の全ロシア大会が開かれ、新しい二つの執行委員会が設置される。ロシア＝ソヴィエトの執行委員会と、ソヴィエト連邦共和国の執行委員会とである。「共産党」は、「非党員たち」にも、わずかであれ代表者の枠を認めたようである。党はこの方向に進み続けるだろうか。少しずつではあるが、党はソヴィエトを通じて、あるいは党が選択するそれ以外の仕方で、人民がみずからの活動を平和裡におこなうことができるよう計らうことができるであろう。このように緩和された政治的雰囲気のなかでこそ、また、それまでに比してはるかに暴力的でも専制的でもなくなったこの段階においてこそ、つまり、この「新政治」にあってこそ、真のロシアの再生が開花したのだ。ロシアが再び生を取り戻すとするなら、それはまさしく、平和と秩序と信頼がロシアに再び花開くかぎりにおいてであるということができる。

　以上のような相対立する動向から、穏健さを旨とし、法を尊重する態度を旨とする一つの倫理が引きだされる。次のようにいうことができよう。暴力は法によってのみ、法秩序によってのみ正当化されるものであり、暴力の役割は法秩序の支配を保障することである。暴力はそれ自体としては秩序ではなく、ましてや信条などではない、と。まず、よき政治においては、法の制約以外の制約が存在してはならない。力《フォルス》は制裁の適用においてのみ用いられるのでなくてはならない。その一方、新しい社会秩序が樹立されうるとすれば、それは秩序それ自体のうちにおいてであり、かつ熱狂的歓喜のうちにおいてである。したがって、未来社会の建設に携わる者たちは、最後の最後になるまで暴力に訴えかけないのが賢明である。暴力は労働の敵対物であり、希望の破壊者であり、自己に対する信頼および他者に対する信頼の破壊者なのだ。人間は必要に迫られて労働するのとならんで、自己への信頼と他者への信頼とに導かれて労働をおこなうものである。それなのに、暴力はこの信頼を破壊するのである。社会のなかで個人と個人とを一体的に結びつける不可視の紐帯は無数にある。契約と契約を、信頼と信頼を、信用《クレディ》と信用を、契約された営為と取引(*res et rationes contractae*)を結びつける不可視の紐帯は無数にある。この土壌の上にこそ、他者を満足させようとする情熱が芽生え、生育しうるのだ。そのとき人は、この他者に信を置くようになるのである。

　過去六年間のロシアのあり方が、このことを証している。テロルは、何かを何かにつなぎ止めはしない。テロルは、何かを何かに奮起させはしない。テロルによって人々は息をひそめ、自分だけの殻に閉じこもるようになる。テロルによって人々は逃避し、互いに避けあうようになる。テロルによって人々は怯えおののき、労働に従事しなくなる。

タキトゥスのいうように、*Metus ac terror sunt infirma vincla caritatis,* すなわち「恐怖と威嚇は友愛の脆弱な紐帯である」(6)。このことばは、世界史上初の〈社会主義政府〉についても、繰り返されなくてはならない。恐怖と威嚇は、国家と専制体制をぎりぎりの線で維持するものである。だがそれは、人間的な慈悲を生みだすこともなければ、愛を生みだすこともなく、こういってよければ、つまるところ、献身を生みだすこともない。ところが、すべての労働者が互いに献身しあうような社会であろうとするとき、その社会には肯定的な感覚を鼓吹することが他の社会以上に必要となるのである。

(6) *Vie d'Agricola*（タキトゥスが、自身の岳父で、ブリタンニア総督であったアグリコラについて書いた伝記）, 32, ブリタンニア（ローマ帝国の属州の一つで、現在のグレートブリテン島にあたる）の首長、カルガクスの演説。

このような形態の社会を、純粋に物理的な力に依拠して樹立することは決してできないであろう。時代遅れに見えるかもしれないし、言い古された常套句をいっているだけに見えるかもしれないが、わたしたちはここで明らかに、ギリシア語およびラテン語の古い諸概念に立ち戻っている。カリタス（*caritas*）という概念がそうであり、これを現在のわたしたちは慈善（charité）と訳しているが、非常に不適切な訳である（「カリタス」はギリシア語「アガペー」のラテン語訳であり、尊敬、熱愛、愛情、慈善事業などを意味する）。またフィロン（φίλον）（「友愛」の意）やコイノン（κοινόν）（「共同性」の意）という概念もそうである。[7] つまりは、必要不可欠な「友愛《アミティエ》」という概念であり、「共同性《コミュノテ》」という概念である。それらが、都市国家《シテ》の精妙な本質をなすのだ。

（7）「彼らはポリスにおいて愛すべきものと共有するものとを滅ぼした」(… τὸ φίλον ἀπώλεσαν καὶ τὸ κοινὸν ἐν τῇ πόλει) (Platon, *Leges*, 697C)（プラトン『法律』第三巻）。

II――政治的フェティシズムの危険、法の有効性の弱さ―― 暴力はたんにそれ自体として破壊的であっただけではない。暴力が法にともなって行使された場合であってさえ、暴力と法と、この二つだけでは不十分なことがしばしばであった。じっさいにも、多くの事例においてボリシェヴィキが暴力を用いたのは、それが正当化されるときにかぎってであった。法に奉仕し、彼らの法に仕えるためにかぎってであった。だが確実なのは、たとえ法が暴力の後ろ盾を得ていたとしても、その法それ自体が社会慣習によって支持されていなければ、あるいは十分に強力で、十分に伝統に根差した社会実践にのっとって形成されていなければ、法は結局は無力であったということである。

　したがってボリシェヴィキたちの挫折をもたらしたのは、暴力である以上に、彼らの政治的なフェティシズムなのである。彼らの試みが、このもう一つの政治的な道徳性《モラリテ》を如実に証拠立てている。じっさい、ボリシェヴィキたちは法を制定した。「プリカーズ」（指令）、「ウカーズ」（訓令。プリカーズが一般的に指令、命令を意味するのに対し、ウカーズは高いレベルから発出される命令のこと。布令とも）、人民委員や「ジク」（執行委員会）が発する決定や命令、ソヴィエト大会の法律など、ロシア公法において法にどのような名称が与えられているかはこのさいどうでもよい。確かなのは、ボリシェヴィキたちが法の名に値するさまざまな社会規則を制定したことであり、さらにそれらを法典として編纂しさえしたことである。わたしはボリシェヴィキたちが法律的には無能力で支離滅裂であるのではないかと留保をつけたけれど、法律制定者としての、国家主権の法的機関としての彼らの資質を疑問視したわけではない。六年前からロシアには、共産主義者の国家しか国家がなかった。共産主義者たちは、自国の正規の政府としてふるまってきた。次のようにいうことさえできる。彼らはむしろ、かのビザンツ的な古来の伝統を十分すぎるほどに踏襲してきたのである、と。ロシアの専制君主はこの伝統の直接の継承者であり、この伝統によれば、法とは「君主の専権事項」にほかならないのだ。さらに共産主義者たちは、少なくとも六年間のうち三年間は、全ロシア＝ソヴィエト大会という、選挙によって選出された正規の権威によって支えられてさえいた。逆の主張がなされているが、それはたんなる欺瞞にすぎない。ヨーロッパやアメリカの論客というのは、どうしたら投票で選んでもらえるか、どうしたら選挙で不正ができるのか、その術を知っている国々の人であるのだから、ロシアの選挙がすべて茶番であるなどと決めつけるべきではない。ロシアの選挙はどんな選挙よりも厳正である。全ロシア＝ソヴィエト大会もソヴィエト執行委員会も、選挙権取得税の納税にもとづく憲法制定会議と比べれば、暴政をふるい、階級の利害関心を表現するための機構ではほとんどなくなっている。いずれ地方選挙は、秘密投票による自由選挙となるだろう。農村部のソヴィエトに比して、票の四分の三を都市部のソヴィエトに割り当てていることも、いずれは廃止されるだろう。県コミッサール・都市コミッサール・人民コミッサール（人民委員）や、共産主義者たちは、スペインの地方ボス《カシーク》やらファシストの王侯やらに似つかわしい慣行をいずれ放棄することだろう。いずれは集会の自由と出版報道の自由とが回復することだろう。そのとき、ソヴィエトの法的な基盤と法的な権威は他の多くの国々のそれと比較しうるものになるであろう。現にそれは、わたしたちの国民ほどの成熟度には達していない国民の大部分が有する法的基盤と法的権威に、すでに比較しうるものとなっているのだ。

それにもかかわらず、非常に注目すべきことがある。このように正当な支えを有した法であってさえ、共産主義社会を創設するには相対的に無力であったこと、これである。第一に、人々がしたがっていた法は、そのほとんどすべてが何かを禁止する法であって、行政的な法でもなければ、実践や生産にかんする規則でもなかった。大多数の場合において、法に違反する行為を本当の意味で抑止したのは、暴力に対する恐怖であり、厳しい制裁に対する恐怖であった。法が「なすこと」ではなく、「なさないこと」を旨としていたものであったがために、無理なく法を遵守することができるような場合もあった。肯定的な表現で規定された法も、否定的なものでしかないことがありうる。社会主義化《ソシアリザシオン》の諸法がそうである。ロシアにおいて人々がこの法にしたがったのは、それがある種の所有や、ある種の商業と契約の形態を破壊するものだったからであり、新たな所有や新たな商業と契約の形態をつくりだすものではなかったからである。そしてまた、この合法的であった諸形態を防衛しようとする者たちが、階級間の戦争のなかですでに打ち負かされたあとだったからである。何かをなすより、なさないほうが、いつだってやさしい。気まぐれに過ごそうとすれば、易きに流れるものだ。たとえば、「働かざる者食うべからず」という大原則を適用しているソヴィエトのさまざまな法令があるが、これらはじつに単純である。旧ブルジョワに対しては配給を少なくするか、あるいはゼロにするか、というだけのものなのだから。この類の法規がたいした道徳的権威なしでも押しつけられうるのだ。単純に否定的であるという条件さえ満たすならば。

その反対に、法が何らかの行為を実現しなくてはならなかったような場合、とりわけ、行政的行為や管理行為を実現しなくてはならなかったような場合には、法は無力であった。労働者委員会にしろナショナル・トラストにしろ、あらゆるレベル（とりわけ都市部）におけるソヴィエト行政にしろ、そして消費者共同体《コミューン》にしろ、人民委員経済委員会にしろ、ソヴィエトのこれらの多様な経済制度はすべて、みずからの役割に背くことになった。労働手形、消費手形、相次いで発行された三種類のルーヴル紙幣（発行されたすべて）などなど、これらの弁済手段はすべて、次々に価値の最低ラインにまで落ち込んだ。とうとうそれは、ソヴィエトが精力的に守った金貨である「チェルヴォネッツ」貨（一九二二年一〇月に制定されたソ連の本位貨幣。第一次世界大戦後のインフレ対策の一環である通貨改革の中心をなした）が、最終的にこの背理を免れるまで続いたのである。教育や芸術、医療扶助や食糧援助、機械化や技術指導、これらを促進するという約束も無為であった。ソヴィエトが、もしくは共産主義者が、やらなければならなかったこと、やらなければならないと思い込んでいたこと、していると思っていたこと、すでになしとげたと思っていたこと。それにもかかわらず、彼らがやりとげられなかったこと、ときとしてやろうとすらしなかったこと。これは数かぎりない。彼らがしようと思って実現にいたらなかったことがどれだけあるか、驚かされる。

もちろん、こうした途方もない無能力のなかには、ロシアに固有のものも存在している。なぜならわたしたちの友人たちは、組織能力という点で、そして実行力という点で、ほとんど素質がないのだから。けれども、きちんと押さえておかなくてはならないことがある。設定された目標の大部分は、全体としても一つひとつとしても、きわめて評価すべきものであり、また、それらのなかには、少なくともわたしたちの目から見て、完全に実現可能なものがあったということ。それにもかかわらず、人民委員がそれらの目標を達成するためという触れ込みで導入した諸法は、適用不能なものであったか、もしくは適用されずに終わったということである。これらの法は、あるときには能力の欠如に、あるときには意欲の欠如に、逢着した。労働者管理ほど有意義なものなど、あるだろうか。だがそうはいっても、労働者団体は労働者管理を行使する術を知っていなくてはならない。消費者共同体《コミューン》(一種の強制的に組織された消費者協同組合)ほど単純にして合理的なものなど、あるだろうか。だがそうはいっても、消費者共同体は運営しなくてはならないし、物資補給もしなくてはならない。適正を備えたスタッフがいなくてはならず、誠実な顧客(強制されてそこにくるのだとしても、おそらくはすべての必需品を調達しにくるのではないような顧客)がいなくてはならない。一人ひとりの児童が、その天分に応じて十全な教育を受けられるようにすることほど、民主的で正当なことなど、あるだろうか。けれど、教師や先生たちはいたのか。教育施設はあったのか。どんな教育プログラムだったのか。さらに、児童たちは誰だったのか。生徒は主として都市部や、偽プロレタリアートである共産党から集められた。そして最終的に、ほとんど何も実行されなかったのである。

共産主義者たちやおめでたい社会学者たちは、至上権をもつ審級からの命令が、つまりは法が、まるで神のことばのように、何もないところから、無から(*ex nihilo*)、何かを創造することができると信じたのだ。彼らは革命の夢想に浮かされ、(フランス革命における)憲法制定議会や国民公会の議員たちになったつもりで、自分たちが人間社会を全体としてつくりかえているものと信じた。だが、彼らはおおいに間違っていた。フランス革命における革命家たちは、可能性の限度をほとんど踏み越えることがなかったし、また、任務に着手する用意ができていた。たとえば彼らは、ポティエによってすでに法律についで学んでいた。コンドルセによってすでに教育法への手ほどきを受けていた。カルノーとモンジュによって、産業・技術・工芸に導かれているところであった。フランスの革命家たちが一つの社会を建設したのは、断片を寄せ集めることによってでもなければ、砂上の楼閣としてでもなかったのである。そうする上での物質的な元手と精神的な力とを有していたのであるから。つまり、彼らの手元には、必要とされる指導的な人材がすべて握られており、そしてまた彼らは、人民の熱情によって支えられていたのであるから。祖国愛に満ち、良識を備え、すでに経済的な余裕も得、開明的で文明化された人民の熱情によって。

これに対して、〈コミュニストたち〉には元手がなく、徳性もなければ必要とされる人間的な技量もなかった。彼らには暴力があり、力があり、エネルギーがあり、勇敢さがあり、権力が、政治的権力があったが、にもかかわらず彼らが挫折したのは、このためなのである。

改めて繰り返す必要がある。法は存在しないものを創造するのでなく、すでに存在するものに認可《サンクシオン》=制裁を与えるのだ。政令は行為に対して形式を規定することはできる。だが、行為そのものを出現させることはできないし、行為のための動機を生みだすことさえ容易にはなしえない。国家も法も、何かをするように促すのではなく、何かをしないように拘束し、制限するのだ。法が何かを表明し、かつ認可し、そうして尊重されるということも、ときにはある。そのときは法が、社会的実践をさらに高めうる。だが、純粋政治にあっては、法が社会的実践を新たにつくりだすことは、きわめて稀にしかない。誰が主権者になるかを決定するときだけである……。しかも、それにしても例外がある。じっさい、公法や行政法が発する規定の大部分は、執行にあたる係官、もしくは案件が処理されるさいの形式を守ることにある。せいぜいのところ、係官なり処理形式なりを定めることにある。それらは、何がしかの行動が必要であることを断固として命ずることに存してはいないのである。行動というのは個人の問題なのだ。大臣にしろ委員にしろ、官吏にしろ軍人にしろ、みな公僕でしかなく、法の番人でしかないのに、それにもかかわらず行動は個人の問題なのだ。行為というものは、経済的行為であれ道徳的行為であれ、あるいはその他の行為であれ、規定されるものではない。規定されるにしても、不適切にしか規定されない。行為はたんになされるのであり、規則が導出されるのはそうした実践からなのだ。まさしくそのために、たいそう立派な法規の数々も不毛だったのである。それら自体が行動から発展してきたものではなかったのだから。まさしくそのために、法が実効性を有するのは、法の背後に倫理があり心性があるときにかぎられるのである。法は、その倫理の裏づけとなるのだし、その心性の体現者となるのだから。法が実効性を有するのは、社会がしっかりとした活力に満ち、固有の律動のうちに手持ちの希望を、期待を、力を、倫理的な知恵を、実践的・技術的な技能を、表明するようになったときにかぎられるのである。

金《きん》にしか信を置いていない社会に、「労働手形」を無理強いしても無駄である。僻地の村々にあって、人民が悲嘆の淵にあるとか、教育を施されていないとか、他から隔絶しているとかであれば、どんな技法であれ無価値である。ここでは、共産主義体制の破綻にかんする諸事例に言及するにとどめておく。法の改変は、習俗の改変と一緒でなければ不可能である。習俗にしても、それが改変できるのは、技術的・審美的な習慣や、労働への嗜好や、さまざまな欲求はいわずもがなであるが、それらがそれ自体として変化した場合においてのみである。それだけでなく、おそらくは法によって行動するということ、法と倫理にもとづいて行動するということは、時とものごとがなすままに任せておくのと比べれば、迅速性にも欠けるし、確実性にも乏しいやり方である。したがって法の大部分は、習俗に対して遅れをきたすのが必定なのだ。法のあるものが習俗に先んじることがあるとするなら、その法にできるのは、新しい世代が古い慣行とは手を切って、新しい行動形式を練り上げられるような環境を創出することだけである。この場合、その法には長い時間が必要とされるほかない。法がその成果を生みだすまでに、行動に対して長い猶予期間を置かなくてはならないからである。だから、国家と法が全能であるなどと信じるのはもうやめにしよう。立法による奇跡などというのは、わたしたちの近代社会の〈政治〉から放逐されなくてはならない。すでに現代の臨床医たちは、生体に対して素晴らしい治療と驚異的な外科術とを施しているわけであるが、立法というこの技法はいまだにそれに類するものを知ってはいないのだ。

だから、「政治権力の奪取」が諸悪を根絶する万能薬であるなどという決まり文句は、やめにしなければならないだろう。「権力の奪取」ということばを、プルードンと、そしてマルクスその人が、一八六四年頃にはたんに普通選挙を実施し、人民が立法権をもつことと理解していた。のちになって、マルクス主義者たちは普通選挙が一つの手段にすぎないこと(それが最良の手段ではあっても)を認めるようになった。だが、ここ六〇年というもの、諸々の社会民主主義は幻想で生きてきた。それは、労働者階級がこの普通選挙という武器を手にし、そうしてついに自信を手にするようになれば、権力を勝ち取ることができ、この高揚の頂きから労働者の〈社会主義共和国〉の諸法を下すことができるだろう、という幻想である。ボリシェヴィキたちはロマン主義的な社会主義者であって、社会主義のこの過ちを共有したにすぎなかった。彼らは古い教義にあまりにとらわれすぎた。彼らは、自分たちが政治権力や法や政令を制定しさえすれば、それによって新しい社会を彫琢することができると思い込んだ。根本的な誤りである！　確かに政治権力は、労働者が一体となって国民《ナシオン》を形成したいと願っている以上、労働者にとって必要なものである。また、必要なものとなるだろう。だが、政治権力だけで十分なわけではない。労働者自身に心構えができていることが必要である。みずからがつくる制度について、労働者たちが少なくとも大まかな理解をもっていることが必要である。とりわけ労働者たちが、適合した心性を有していることが必要である。なぜなら、お分かりのとおり、ボリシェヴィキ国家のように強力な国家であってさえ、ロシアのように道徳的にも心理的にも弱体化した社会に対して、みずからの法にしたがうよう強制することはできなかったのだから。

哲学者、道徳家、政治家が、社会学者とともにこの事実を、それ自体において吟味することが必要である。ソヴィエトの法は、立法であるとか、行政だけに純化されたものであるとか、政治であるとかといった、法に固有の領域においては強力であった。国家を創造することも、ある種の法を規定することさえも、できた。とにかくも財産相続を撤廃することができたし、土地は所有されるものではなく貸与されるだけであると宣言することもできた。それにもかかわらず、ソヴィエトの法は無力であることが明らかとなったのだ。金本位貨幣を廃止したり、それ以外の貨幣を創設したりするには。個人生産しかありえなかったところに集団生産を組織化するには。協同組合のような自由結社の諸団体に代えて、強制的な組織を導入するには。市場を閉鎖するには。一方ではきわめて強固な習慣が持続して抵抗し、他方では物質的・技術的な不可能があらわとなった。村にモーターを供与したとしても、ガソリンと技師を同時に供与しなくては何の役にも立たない。次のこと以外に、何をいうことがあろうか。あらゆる社会的な領域のなかで、まさしく経済および技術の領域こそが、〈政治〉の影響力を、さらには〈倫理〉の影響力さえをも、もっともやすやすと、もっとも完全に、のみならずもっとも過激に、免れてしまう領域であるということ、これである。経済(この語法では経済は技術と一緒にされている)が支配するようになるというわけではない。これが間違いであることはすでに明らかにした。そうではなく、これらの領域が法の領域とは異なっており、それとは独立しているということなのだ。法がこれらの領域において認定しうるのは、既定事実となったことがらのみである。法はこれらの領域においてさまざまな権利を調整することはできるが、何も強制することはできない。通貨も融資も貯蓄も、法によって強制することはできない。一人ひとりの勤勉さを集団的に協同させようとしても、同じくそのことを強制することはできない。賦役というのは、喜びをもって同意された労働の反対物である。経済的に同意された労働の反対物でさえある。〈経済的なもの〉にあっても〈技術的なもの〉にあっても、法は一時的に破壊することしかできない。長い期間にわたって破壊し続けるということさえできない。法が何かを創始できるわけではないのだ。法は、ある通貨を使用するのを禁じることはできる。だが法は、適合的な通貨を供給することはできない。法は、ある道具の利用を禁じることはできる。だが法は、事前に道具を製作することはできないし、ときとして調達することさえできない。そうであるがために、法が習俗や、ましてや経済や技術に先んじることはできない。法は、それらを後追いするしかないのである。

Ⅲ　政治的方法にかかわる諸結論

したがって〈政治〉を学ぶ者は、みずからが理論化しようとしている技法に対して、ある種の懐疑的姿勢を養わなくてはならない。医学の場合よりもさらに、その者はきわめて狭隘な制約のなかに閉じ込められることになる。政治家が無知なために無能力であることなど、いくらでもある。ときとして政治家が原因を明確に把握していたり、正しい事象理解を有したりしている場合など、政治家が自分自身の無能力を認識し、実感している場合さえある。いずれにせよ、政治家と政治理論家は、ときとしてみずからの脆弱さや、みずからの身体的・知的・精神的な無能力さを潔く表明することが（たとえそれで不人気を招こうとも）必要である。さまざまな〈党〉が、いずれも自分たちが国民に幸福を付与するのに適任であるように宣伝することほど不誠実なことはない。たとえば、何をもってしてもロシアの破産を避けることなどできなかったであろう。事後になり、今になってそれが分かるのだが、もはや遅すぎるのだ。ボリシェヴィキたちは、倒産したロシアの清算人として、あの極貧のなかで、そしてあの内戦によって、自分たちが富を創設しつつあるのだと信じた。そう語った。人々にそう信じさせた。これはボリシェヴィキたちの大きな過ちである。新たな富など、歳月と労働と平和からしか生まれえないのに……。

別の教訓。過去一〇年に生起したさまざまな恐ろしい出来事を経験したことで、「史的唯物論」のドクトリンほど動揺をきたしたドクトリンはほとんどない。しかしそれは、史的唯物論が当初からある欠陥を有していたためである。そもそもこの欠陥というのは、史的唯物論だけでなく、他の政治的なドクトリンにも共通したものである。社会的現象のある一定の系列にのみ特権的な重要性を置くという詭弁については、それがどんなものであれ、断固として疑いを解かないでいることが必要だ。政治的な事象にしても倫理的な事象にしても経済的な事象にしても、それらのどれかが支配的である社会など、存在したためしがない。ましてや、それらの事象に適用される技法となれば、なおさらである。結局のところこれらはみな、まだ揺籃《ようらんき》期にあるわたしたちの社会科学が設定している概念でありカテゴリーであるにすぎない。そしてまた、こうした諸事を区別して回るのも、無意味なことば遊びにすぎないのである。貨幣は経済的事象であるが、国民《ナシオン》という政治的事象によって鋳造される。それに対して人々が信を置き、貨幣が信頼と信用とを生みだすというのは、経済的現象であり、かつ倫理的現象でもある。むしろそれは、心的・習慣的・伝統的現象であるとさえいえる。一つひとつの社会は、道徳や技術や経済などなどをともにすることによって一つである。〈政治〉も〈道徳〉も〈経済〉も、社会的技法の要素であるのにすぎない。みながともに生きるという技法の要素であるのにすぎない。このことが理解されれば、観念どうしの矛盾も、ことばにかんする拘泥も、すべて無用の長物となろう。社会的実践、これこそが、道徳家も経済学者も立法者も一致して対象とする行動にとって、素材として提供される唯一のものなのだ。いや、この技法にあっては、三種類もの技法専門家が介在する余地などないのである。この技法において専門家たろうとする者は、法によって習俗を踏み越えたり、普遍的倫理やら純粋実践理性やらの名のもとで人民の技術的・経済的・心的習慣を批判したりしないようにしなくてはならないからである。こうした習慣を矯正することができるとすれば、それは他の観念や感情に鼓吹された他の習慣をそれに代えることによるほかはない。とくに、他の行為によって（その行為が奏功した結果、それが前例となることが認められるような行為によって）鼓吹された他の慣習を、それに代えることによるほかはない。技法のなかの技法である。「技法を超える技法」（τέχνη τέχνης ὑπερφέρουσα）と、ソフォクレスは専制政治について述べていた（ソフォクレス『オイディプス王』三八〇―三八二）。したがって、ことばのもっとも気高い意味における〈政治〉は、きわめて謙虚であらねばならないのはもとより、その姉妹である

〈道徳〉および〈経済〉から、決して遊離してもならないのである。結局のところ〈政治〉は、〈道徳〉および〈経済〉と一箇同一のものだからである。

だから、行動の人の模範を提供しているのは、依然としてソクラテスの古い夢なのだ。賢明な市民という夢、倹約家で高徳で法の番人であり、とりわけ思慮深く公正であるような市民という夢なのだ。責任ある立場の政治家は、この夢にみずからを合致させることによって、実践的な真理にはるかに近いところに身を置くことができるであろう。斜に構えた態度や唯物論の昂進に身を任せたり、嘘や暴力という悪弊に身を任せたりする（時と場所によって反動的でもあったり、逆に革命的でもあったりする当てにならない人民は、それに喝采を送るが）のよりも、はるかに近いところに。今のところ、ロシア、イタリア、スペインにおいては、そしてまた近い将来のドイツにおいてもおそらく、クーデタや強行措置や強権発動や政治的な暴力行為が成功をおさめているように見える。だがそれは、社会体の動乱であり動揺であるにすぎない。社会体の発熱であり、その重病の兆候であるにすぎない。これらは不幸な人民《ププル》であって、未来は彼らのものではない。良識ある市民《シトワイヤン》が、有能で誠実で頑健な代表者を有効な仕方で選出することができ、なおかつその代表者を絶えず監督することができるようになれば、そうした市民たちからなる国民《ナシオン》にこそ未来はある。人民が賢くさえあれば、人民の関心と思想を人民以上によく知るものはないのだから。

以上に述べた社会学者の政治的な倫理観は、おそらくどれも厳密すぎるか、あるいは、あまりにも縁遠いものと映るであろう。それらのうちのあるものは、わたしたちの近代的な国民において何をなすのが可能で、何をなすのが不可能かを、あまりに直截に述べるものと思われるだろう。別のものは、あまりに一般論的に、あるいはあまりに気前よく、穏健さと平和と将来への備えを社会主義者に、そして〈進歩〉的なさまざまな党派に、説き勧めるものと思われるだろう。

だが、誤ってはならない。以上の厳密な考察は場違いなものではない。というのも、少なくとも一つ、ロシア共産主義者たちの実験が役立つであろうことがあるからである。それは、自己改革しようとする国民に対して、どのように自己改革をおこなわなければならないのか、そして、どのように自己改革をおこなってはならないのかを教えてくれるということである。自己改革するとしても、国民は市場と通貨を堅持しなくてはならないだろう。ありうべき集合的な制度なら何でも発達させなくてはならないだろう。自由意志による結社形成と集産主義体制とが両立しないなどと思い込ませたり、団結権(多数派の権利を含めて)と個人主義とが両立しないなどと思い込ませたりすることがあってはならないだろう。このような「社会学的な評価」に、わたしは二つの価値をもたせたいと思ってきたのだが、したがってそれには現に二つの価値が備わっているのである。一つは科学的な価値である。なぜならそれは、わたしたちの近代的な諸社会を記述するものとなっているからである。さらにそこには、そのうちの一社会にかんして、主要な構成要素をすべて見ることができるからである。今日のいかなる社会もなしですますことはできないであろうような要素を。もう一つは実践的な価値である。なぜならそこでは、社会主義のさまざまなドクトリンから、いくつかのアフォリズム風で断定調の物言いが払拭されるからである。党派と階級が全能であるということにかんする、いくつかのユートピア的な見方と幻想とが払拭されるからである。

しかも、このように慎重さへと訴えかけてはいるものの、だからといって、いかなる意味でも行動を軟弱にしたり、行動を緩慢にしたりすることを意図しているわけではない。必要なのは、法に奉仕する力《フォルス》である。そうした力を用いることが、おそらく、いや確実に、必要となるだろう。というのも、宗教的な諸法と同じように、世俗的な諸法もすべての人々に同じ度合いで課されているわけではないからである。社会民主主義的な体制というのは(いいかえると、みずからの法と利害とにもとづいてみずからの経済を統制することを望むであろうような民主主義体制というのは)、羊飼いがいて羊の毛を刈ってくれ、どの羊を食べたらいいのかを選んでくれるような、そうした羊たちの群れからなるものではないだろう。その上、社会民主主義的な体制の行動だって暴力を免れたわけではなかろうし、それと同じく必然的に緩慢になるというわけでもなかろう。だから、ご託宣を垂れるようなことは控えようではないか。慎重であることによって、逆に敏速に行動し、障害を飛び越え、抵抗を破砕するよう命じられることも(そうするのが時宜を得たことであるかぎり)しばしばあることとなのだ。もちろん慎重であることによって、時機を待つよう勧められることもある。社会生活の諸形態は法によって承認されなくてはならないので、それが成熟するようになるまで待つよう勧められることもある。だが、それと同じくらい頻繁に、行動の敏速さ、障害の飛び越え、抵抗の破砕が命じられるのである。わたしがいいたいのは、必要とされる政治権力が、それ単独で自足することがないにしても、暴力は「諸法の最後の手段」にとどまらなくてはならないということなのだ。

Ⅳ　政治的論理にかかわる諸結論

けれども、このような政治にかかわる諸結論、社会問題にまつわる政治であれ、その他の政治であれ、政治にかかわる諸結論などを、社会学者に期待していたわけではない。そういわれるだろう。以上の結論は、すべての人が提起している問いについて速断を下すものではない。その問いとは、「ボリシェヴィキの実験を経て、社会主義は正しいと証明されたのか、それとも間違っていると反証されたのか」というものである。こうもいわれるだろう。「社会主義、あるいは共産主義といってもよかろうが、ある重大なドクトリンが実地に試されたのだ。それなのにあなたは、このドクトリンがどのように純化されなくてはならないかについて語るばかりで、それが正しいか間違っているかをいってはくれない。あなたは、共産主義者たちがいうように、このドクトリンが実験に勝利したと考えるのか。それとも自由主義的な、あるいは反動的な教条主義者たちが答えとしているように、それが敗北したと考えるのか」。
たとえわたしの無邪気さ加減が、ばか正直なものと、あるいは無為なものと、さらにはまた党派闘争にあまりに無頓着なものと思われようとも、わたしとしてはこう答えたい。「ロシアの諸事件は、社会主義が正しいと確証するものでも、間違っていると主張するものでもない」と。

仮定してみよう。共産主義者たちが、彼らの夢である〈社会主義共和国〉を押しつけることに成功した、と——じっさいには成功しなかったのだが——。そう仮定すると、何が証明されたことになるだろうか。公共性と産業にかろうじて目覚めかけていた一つの国民《ナシオン》において、社会主義的な体制を定立することができるということ、いや、むしろ、資本主義的な体制に抗して、それが不可能となるような種々の措置をとることができるということである。——あるいはまた、成功したと仮定した場合に証明されるのは、ナショナルな社会革命を経たのちに——ただし、いくらかの資本主義の要素が国外から入り込むのは、世界革命を待つあいだは不可避であるが——、強力な社会主義的政府が革命に由来するさまざまな危機を可能なかぎり小規模に抑えることができるということである。結局はこれこそ、現今においてNEP（〈新経済政策〉）が試みていることにほかならない。——さらにまた、こうもいえる。第一に、事実として確認しておこう。対外的な戦争と対内的な戦争と、それに引き続いた経済封鎖と共産主義体制とによって、ロシアは経済的に後退した。国民資産の推移をグラフにあらわすとしたなら、一九二一年一二月にはゼロと呼びうるレベルにまで落ち込んでいたのである。第二に、次のように仮定しよう（根拠のない大盤ぶるまいの仮定であるが）。この状態にあるロシアが、活力と国力を十全に取り戻すまでに再生しつつある、と。さらに、こう想像してみよう。ロシアのこの復活が、共産主義という状況のもとで十全に実現されることになる、と。そのとき、わたしたちが結論しうるのは次のようなことであろう。ともかくにも、経済も法も政治状況も、すべてを一掃することになるわけである。すべてを破壊し去ったあとで、ゼロ地点から再出発することになるわけである——それがしかも、大陸規模にまで拡大し、さまざまな種類にわたる無尽蔵の資源を自然から授かり、無数の人口を抱えてはいるが、国土に対する人口密度は高くない、そういう国についてなのである——。いうなれば、異常な状況にあるわけである。わたしたちが結論しうるのは、年若く、想像を絶するほど豊かな未来を備えた社会が、破産と、それに引き続く共産主義体制という贅沢を、みずからに許すことができるということになるのではないだろうか。

モスクワで社会主義が、あるいはむしろ共産主義が成功していたとしても、だからといってわたしたちの社会主義・共産主義もまた成功するということが証明されるわけではない。いささかもない。長年にわたる経験を積んだ民主主義体制である。そこでは工業化が進展し、強力な資本主義が成長し、大ブルジョワジーがいて世論を主導しながらも、ときに応じて必要な譲歩をおこない、他方に小ブルジョワジーが多数いる。農民は富裕であることがしばしばで、大部分は土地を所有している。労働者階級は慎ましく、きわめてブルジョワ的な品格のある理想に鼓舞されている。――このような民主主義体制は、専制体制も共産主義体制も受け入れられるものではない。とりわけこのような民主主義体制は、原初的で単純な生活に回帰することを受け入れられるものではない。ところが、結局のところロシア革命がさまざまな外観のもとでなしたのは、この回帰だったのだ。ロシア革命では農民が勝利する一方で、旧体制下で豪奢なアリストクラシーと脆弱な資本主義が築き上げた、洗練された、しかし頽廃した構築物は崩れ落ちたのだからである。

わたしたちのようなヨーロッパおよびアメリカの強大な国民《ナシオン》は、もはやこのように危険の多い冒険を試みるのに適してはいない。〈国家《シテ》〉を破壊し、新たに建設し直そうなどという冒険を。それが可能なのはロシアだけである。どんな国民も、経済封鎖と飢饉の恐怖にみずから進んで立ち向かい、国外勢力と反革命勢力に抵抗しようなどとは(果敢にもロシアがそうしたようには)しないであろう。ヨーロッパやアメリカの諸国民は、社会主義が国民の資産の保全者であり、保全すべき財の最良の管財人であると考えているのであって、イカリアの地の建設者(イカリアは、フランスの政治思想家で、空想的社会主義者のエティエンヌ・カベが提起したキリスト教的共産主義の理想社会。カベはアメリカにおいてその実現を試みた)であるとは思っていないのだ。

その反対に、ロシアにおいて共産主義が相対的に失敗したという事実も、わたしたちの西欧諸社会で社会主義が成功するとも失敗するとも証するものではない。第一に、社会主義がその上部構造を上乗せする日がくるとして、あるいはまた、社会主義が存在するだけで、わたしたちの諸社会の構成が変容するようになるとして、それは暴力によってでも、何らかのカタストロフィを介してでもないであろう。暴力にしろカタストロフィにしろ、ともにたんなる偶発事にすぎないであろうから。社会主義によって構築されるものがあるとすれば、それは行動によって、市民たちの明晰で自覚的な行動によって、築かれるものであろう。第二に、こうした市民たちは、たんに産業界の労働者階級にのみ帰属しているわけではないだろう。労働者階級が多数派を占めており、かつ、まだ部分的に自覚を欠いている場合においてさえ、産業労働者の階級だけに帰属しているわけではないだろう。市民たちは、労働者階級をのぞく、寄生的でない他の全階級にわたっても帰属しており、労働者たちに対してその協調的な支援を差しだしにくるだろうから。したがって、哀れなムジーク（帝政期ロシア農民）や、ロシアの「同志たち」にとって不可能であったことでも、わたしたちの組合や協同組合や市町村参事会にあっては（それらがどんなにつましいものであろうと）、実行可能なのだ。それらのメンバーたちは教育を受け、賢明でもあるのだからである。こうした論法は、わたしたち西欧の共産主義者たちによって普通に用いられている。それによって西欧の共産主義者は、「大衆《マス》」が自分たちにしたがっているといい、その「大衆」にロシア革命よりも上等で容易な〈革命〉を実現すると約束している。そうはいっても、この論法は正しい。なぜならそれは、欠陥を覆い隠し（「欠陥を暴きだし」の誤記であろうか）、ロシアの行動はその全体が時期尚早であったということを認めるのに一役買っているからである。そのとおりだ。ロシアの実験のなかには、明日の〈イギリス労働党〉がその計画を実現する（部分的にでも、だが、おそらくは成功裡に）ことができないなどと証するものは何もない。〈イギリス労働党〉は、合法的な政党であり、多数派の民主主義に由来するもので、組織化され、教育程度も高い党なのだから。このような模範例が起こることがあれば、それは多分、ロシアの共産主義者たちがみずからの統治する国民全体を一定の期間巻き添えにしておこなった冒険的な試みよりも、より波及効果があり、より有益なものとなることであろう。

わたしたちの諸国民には、ロシア国民とは違った人材がいる。だが、そればかりでなくこの人々は、政治的民主主義に加えて、社会民主主義と産業民主主義を組織化する能力を日増しに身につけるようになっている。これらの民主主義には、否定できない法的な成熟性が備わっている。だが、そればかりでなく、こうした民主主義は経済的かつ心的な進化とはまったく異なる段階にすでに到達している。そして、この段階から出発することにより、ロシア人には不可能であったことの実現へと向かうことができるだろう。こうした民主主義が、現在のロシア人よりも目標に近いところにいるという可能性さえある。ロシア人は、短く直線的・直接的で、容易なと自称する革命の道をとったのであるが、じっさいはといえば、それは危険で、目がくらむようで、おそらくは破滅へと帰着する道だったのだから。わたしが社会主義というものを的確に把握しているとするなら、それは市場を組織化し、信用取引を組織化し、流通を組織化し、その結果として生産を組織化する（必ずそうするというわけではなく、また今すぐそうするというわけでもないが）ものであるだろう。この主張の論拠の一つが、まさしくロシアの実験それ自体なのである。〈新経済〉のコミュニストは、あの実験から今やこの段階にきているのだから。彼らは今や、オルグ（*org*）（組織《オルガニザシオン》）をもち、[8] さまざまなレベルと種類のナショナル・トラストの組織をもち、国家銀行や人民銀行をもち、などなどとするようになっている。したがって、次のようにいうことができるだろう。「イギリスのような社会では、国家の財と種々の公共団体の財が巨大であって、市当局や行政当局による社会主義がずっと以前から盛んである。さまざまな形態の社会保険や民間保険における資本動態が、ソヴィエト共和国全体の経済における資本動態を超過しており、トラストが組織化され、またトラストが産業を組織化している。労働者階級も公衆も、産業化のもとで鉱山を国有化する態勢がよく整っているため、鉱山国有化が国民裁定に提案された[9]。このような国民には、窮乏した農業国であるロシアとは異なる社会主義の可能性が備わっているのである」と。イギリスにおいてさえ、土地の大きな部分を容易に国有化することができるだろう。なぜなら、しばしばそのときに問題となるのは、貴族や教会や職業団体に認められた土地保有を廃止することだけだろうからである（そうした土地保有は、倫理的な観点では当然のことながら一時的なものなのである）。そしてそこに、国王の特権的な、しかしながら完全に合法的な所有を、十全なかたちで実現することができるだろうからである。このような国においては、鉱山と、それが付随している土地とは、島国に特有の法体系のなかで容易に国有化することができよう。鉄道についても、それを産業化にゆだねる一方で、国有化することができるだろう。すでに国家は鉄道を統制しているのだから。おそらく、同じように有益な仕方で、他の産業分野も集合化させ、それを国家規模で組織化し、失業や恐慌などに対抗することができるだろう。すでに見識の高い産業家や官吏たちが提案しているとおりである[10]。このような組織と、社会主義にもとづく組織とのあいだには、ほとんど違いがなくなるであろう。

（8） このことをいいあらわすのに、彼らが見いだしえたのはフランス語の一単語だけであった。たとえば、国外との通商のための組織であるヴネシトルグ（*vnechtorg*）とか、オプトルグ（*optorg*）とか、などなど（前者は外国貿易の、後者は卸売業の、それぞれ略称。ただし、モースの主張とは異なり、これらに見える *org* はフランス語からの借用ではない。*torg* がロシア語の *torgovlia*, すなわち貿易や商業を意味する語の省略形である）。

（9） 一九二〇年、サンケイ判事の裁定。

（10） なかでも、リンデン・マッカッセー卿と、パイバス氏がそうである（モースは「贈与論」第四章でもこの二人に言及し、彼らをイギリスにおけるすぐれた産業界の指導者たちに数えている）。

少し空想してみよう。もしもドイツだったとしたなら……どうなっていたことだろうか。ドイツの国家社会主義、ドイツの地方自治体や州自治体、国家による直営方式、ドイツの保険制度、ドイツの垂直的および水平的な資本主義組織（「カルテル」「トラスト」「コンツェルン」）、ドイツの労働組合、いまだ筆舌に尽くしがたい混沌のなかを生き残っているドイツの協同組合。これらすべてが、ドイツでは組織化を目指していたのである。

さらに、相続権を廃止するとか、時間の経過や親等の遠近によって相続権を制限するとか、そうしたことが一社会においてどのような結果をともないうるか、いえる人がいるのだろうか。その他の改革と称せられるものが、じっさいには〈革命〉そのものとなるとき、すなわち悪しき既得権の容赦ない矯正となるとき、そのような自称改革がどのような結果をもたらしえないのか、いえる人はいるのだろうか。

したがって、ロシア革命をまねるべき範として提示してはならないし、スズメよけの案山子であるかのように見せてもならない。あちらでは、わたしたちがここ西欧において位置づけられている平面とは違った平面ですべてのものごとが進行しているのだ。わたしたちのところでは、市民の多様な利害関心や、多彩で可動性に富んだ意見をまとめてくれるさまざまなドクトリンがある。だが、あちらでは、互いに連鎖しあう出来事のなかで、このようなドクトリンのいずれかを否定したり、あるいは逆に確認強化したりするものは、ごくわずかしかないのである。

⁂

最終的に、ボリシェヴィズムに対するこの評価は、社会学者から一般公衆への忠言というかたちで終わらなくてはならない。ここで引きださなくてはならないのは、論理と良識に根差した単純な教訓だからである。

政治にかかわる論議は、部族やフォーラム(古代ローマで集会や商取引に用いられた公共広場)にかかわる諸々の偶像に満ち満ちている。「エートスとパトス」に、さまざまな偏見や熱に浮かされた見解に満ち満ちていて、それが万事に害をなす。その上、通常は、あたかも弁護士の弁明のように、人々は何らかの「大義」からその議論を立ち上げようとするのであって、事実や理由にもとづいてそうするのではない。だからそこにおいては、絶え間ない詭弁のなかで、討論は法と事実とを綯《な》い交《ま》ぜにしてしまうことになるのだ。法廷の前でのように。

しかしながら、ソヴィエトにおいてだけでなく、さまざまな国会や議会においてもよく用いられる論法のなかで、これだけは特別に禁止しておかなくてはならない論法が一つだけ存在する。アナロジーによる論法、歴史的なものであれ政治的なものであれ、アナロジーによる論法がそれだ。人は通常、ある前例から次の例へと論を進める。医者だって同じようにするので、そのためにしばしば誤りを犯すが、医者にはそれ以外の計算手法がないのである。生物学やら病理学やらが計算手法を最終的に明らかにしてくれるまでのあいだは。ところが政治の場合には、過ちにはほとんど言い訳がともなわない。そこでは、人について《デ・ホミネ》は対人論法《アド・ホミネム》によって推論することしか認められていない（対人論法は客観中立的な論証によらず、相手の主義、性格、地位、職業などを利用して、その言動を攻撃することで相手の主張を封殺しようとする一種の虚偽論法）。しかるに、ここで提起されているような類の問題では、ある一つの集合的な個体から別の集合的な個体のことを判断しうるということ、たとえばロシアからフランスのことを判断しうるとか、その逆であるとか、ということは前提とされている。人々は漠然と、社会というのは個体ではないと考え、ある前例から一般的に適用可能で、別の社会の成員にも役立つような指針を規定することができると考えるものである。それによって間違えるわけだ。社会というのは個体なのである。それらの個体はしばしばきわめて高度に定型化されており、きわめて耐久性のあるものなのだ。たとえば、エルサレムの神殿の周囲にユダヤ人たちが形成していた社会。あるいは、自分たちのタブーを放棄するくらいなら、むしろ滅び去るに身を任せたチャタム諸島の不幸なポリネシア人原住民たち（チャタム諸島はニュージーランド南島の東方千キロに位置するニュージーランドの特別領）。大ロシア（ロシアからウクライナ［小ロシア］とベラルーシ［白ロシア］をのぞいたもの）の人々は、非常に古くからありながら、同時につねに非常に若くもある同質的な巨大な人塊《マス》をなしている。これほど驚くほどに個別化されており、これほど他の人民たちの性格とは異質な性格をもっている集合体も文明もほとんど存在しない。彼らにとってとわたしたちにとってと、可能事も不可能事も異なっているのだ。一定数の国民《ナシオン》のあいだで、物質的な進歩がある程度一様であり、心性と思想がある程度同質的であり、何よりも成熟さがある程度同等である場合にしか、一つの国のさまざまな制度を別の国に移転しようとすること（ローマ人やナポレオンがそうしたように）はできない。だから、歴史的かつ政治的な論法をこのように濫用することには用心しよう。ジャーナリストたちは博識ながらも、その知識は非常に拡散していて非常に不正確なものなので、人々は欺かれてしまう。外交官やら政治屋やら法曹家やらの博識もまた同じく危険である。歴史で腐敗し、あまりに多くの前例で凝り固まっているから。

しかしながら、もはや過去において論を立てることはやめ、現在を外して論を立てることはやめるということに慣れるようにしなくてはならないのではないだろうか。一つひとつの問題にかんして、あたかもその問いだけが問われているかのように考察するよう試みる必要があるのではないだろうか。そして、直接的な仕方で、かつ社会的なるものへの配慮によって、その問いに対する実践的な解決を見いだすよう、これから努める必要があるのではないだろうか。

その一方で、通俗的な政治的論法というものも同じく間違っている。過去数世紀の節度を超えた合理主義(この領域では、そうした合理主義は適切な実験方法によって修正されることがないままであった)に相も変わらず触発されていることがほとんどである。スコラ哲学は、依然として今日でも諸々の法学校や諸々の党派の議論に隠れて生き延びており、社会と政治にかかわることがらについては、すべてを演繹によって導出できると主張している。スコラ哲学にとって、社会というのは観念上の事物でしかなく、また個々人の観念でしかないのだから、社会それ自体が、さまざまな〈観念〉と〈原理〉の上に基礎づけられていることになるわけなのだ。こうした諸原理のことは知られていて、「〜主義《イスム》」という表現がつく語彙で形而上学的に翻訳されている。資本主義、社会主義、個人主義、平等主義、ナショナリズム、などなど。好きなだけこの種の造語をつくることができるだろう。〈社会〉というものは、これらの諸原理を適用すること以外には役目がないのだという。社会の法は、これらの観念や体系を実現すること以外に理由をもたないのだという。さらにもっと素晴らしいことに、〈社会〉は原理をかえることもできるのだとされる。そういうふうに学校では教えられているし、国会やら衒学的な雑誌やら人民集会やらでは語られ、論じられている。あらゆる党派のソフィストどもが、原理に原理を対立させ、何とか「主義」ということばに別の何とか「主義」ということばを対立させて、お気楽に楽しんでいる。そのことで、それにかかわる利害関心は覆い隠されてしまうのだ。これほどまでに有害な過誤はまずなかった。もしもこの小論に、こうした形態の論議に対する警戒を改めて良識に促すという利点があるとするならば、それは所期の目的を達成したことになるのではないか。いや、徹頭徹尾資本主義的でしかない社会などというものは存在しない。純粋に社会主義的でしかないだけの社会などというのも、おそらく存在しないだろう。もっぱら封建的なだけの社会とか、君主的なだけの社会とか、共和的なだけの社会とか、そんな社会は存在した試しがなかった。存在するのは、何らかの体制を有した社会だけである。あるいはむしろ――さらに複雑なことになるが――、体制にかかわる多少なりとも特徴的な諸システムを有した社会だけである。経済や政治組織の体制や、そうした体制にかかわる諸システムを有した社会だけである。こうした社会は、それなりの慣習と心性とを備えており、そのうちのどの体系を重視するか、どの制度を重視するかに応じて、多少なりとも恣意的に、その慣習なり心性なりを規定することができてしまう。それだけのことである。たとえば、ある人の性格について、あいつは怒りっぽいやつだと規定することができるとしても、だからといって、その人物の心がそうでない人々の心と同じように機能しないなどということにはならない。普通の状態においてさえ、社会というものは巨大な広がりをもつものであり、生存して思考する人々のさまざまな環境のメタ環境であって、ありとあらゆる種類の潮流によって、しばしば互いに矛盾しあうような潮流によって、ありとあらゆる方向性を有した潮流によって、揺り動いているものである。それらの潮流のなかには、過去の深みから、あまつさえ先史時代の過去の深みからさえ、持続的に湧き出ているものもある。そうかと思えば、ゆっくりと生成するさまざまな出来事に対応する潮流もある。将来はその潮流の作用主であったり受動主であったり、その潮流の裨益者であったり犠牲者であったり、そのようになる人々のまったく気づかぬところでゆっくりと生成するさまざまな出来事に対応する潮流である。社会においては、法律家による推論の連鎖的な積み重ねであるとか、フォーラムでの詭弁《ソフィスム》であるとか、そんなものと同じように生起するものなど何もない。そんなものとは手を切ろう。「〜主義」で終わる語彙にまつわる論争など、たんなることばの遊びにすぎない。党利党略の遊びにすぎない。その昔、諸帝国・諸教会のあいだで闘いがあった。クェ(*que*)の文字をフィリオ(*filio*)に付加するかどうかという闘いである。[*4] ドグマとドグマとのあいだの闘いなど、たんなる見せかけにすぎず、偶発事にすぎなかった。本質的なこと、確かな事実、じっさいの目的が何であったかといえば、それは闘争することだったのである。現在では、社会にかかわるさまざまな教義論《ドグマティク》のまわりで、ものごとが動揺している。一方では、失墜した諸体制があり、相続のおかげで寄生していられる諸階級があり、金銭的な利害があり、旧弊な大衆《マス》があって、動揺をきたしている。他方では、不幸なプロレタリアートがあり、あるいはすでによりよい生活条件を手に入れ、もっとよい生活へと上昇したがっている人々があり、民主主義的で独立自尊の人々があるかと思えば、いまだに従属的で暴政に虐げられた人々があり、やはり動揺をきたしている。もはや公のものごとを公のものごととしてしか議論しなくなっているのは、すでに一つの進歩である。もはや公のものごとを議論するのに、形而上学やら宗教やらをもちこまなくなったのは（少し前まではまだそうしていたものだ）、すでに一つの進歩である。しかし、この進歩だけでは十分でない。別の進歩を遂げることが必要である。〈政治〉というものが合理的な技法となる日がくるとすれば、それは〈政治〉がこの形而上学から離れ去る日であろう。〈政治〉が必要な範囲で、何とか「主義」ということば、たとえば資本主義にしろ自由主義にしろ、その他諸々にしろ、を捨て去る日であろう。そして、理屈をこねてばかりいる実体論を全体として捨て去る日であろう。そのときこそ、〈政治〉は、今度はみずからがおよそあらゆる体系の外部に位置を得ることだろう。そのときこそまた、おそらく〈政治〉は一つひとつの問題に対して――エンジニア《アンジエニユール》（創意工夫に富む人《アンジエニウ》）がそうするように――、解決を適用することができるようになり、また解決を適用するよう努めることにもなるだろう。その解決とは、諸事実についての明瞭な意識と、自分たちの法についての理解（確信とまではいわない）とによって形成された解決にほかならない。

そもそも、この児戯に類する危険な教義論《ドグマティク》は徐々に磨滅してゆくことだろう。おそらくは、みなが思っている以上に早く。現今のほとんどすべての政治学派は、自分たちの現実主義を過度に高く自己評価しすぎている。ロシア〈新経済〉の現実主義といえども、おそらくは最良の社会主義である「ドクトリンなき〈社会主義〉」からさして隔たっているものではないのだ。

いずれにせよ、哲学者も社会学者もモラリストも、はっきりと他を切り捨て、みずからも他から隔絶しているこれらの定型的な表現に対する責任を、他の人々にゆだねるべきである。感情的な負荷を担わされ、じつにしばしば社会全体を不測の出来事へと導いてしまうようなできの悪い既成概念に対する責任を、他の人々にゆだねるべきである。彼らの役割というのは、謙虚に、かつ実践的に、予断と偏見と感情を抜きにして思考するよう、他の人々を習慣づけることだ。思想家が人民たちを育成し、ただみずからの良識のみを用いるよう育てなくてはならない。とくに今の場合、つまり〈政治〉の場合でいえば、その良識というのは同時に社会的なものについての感覚であり、換言するなら、正義についての感覚なのである。

取るに足らない結論であると、いわれるであろう。あまりに論理的で教科書的な結論であると。正義というこの語に、政治屋たちはイデオロギーの臭いをかぎつけている。

けれども、彼ら政治屋どもこそ、大仰なことばを利用するものである。彼らこそ、拙速な一般化をおこない、いくつもの体系をつくりあげるのである。つまり彼らは、悪しきイデオローグなのだ。だから、彼らが「よく思考する」ことを学ばんことを。ロシアの事例は彼らをたじろがせている！　期待しようではないか。ロシアの事例を通じて、彼らが論理をしっかりと組み立てる努力と、健全な社会的実践をおこなう努力を、ともにするようになるであろうことを。

国民論

訳者注記――凡例にも記したとおり、訳出にあたっては、マルセル・フルニエとジャン・テリエの校訂版(Marcel Mauss, *La nation*, édition et présentation de Marcel Fournier et Jean Terrier, Paris: Presses Universitaires de France, 2013, pp. 65–114, 117–149)を適宜参照した。以下の訳では、これを「フルニエとテリエの校訂版」と称する。

緒言

マルセル・モースと親しかった人であれば、モースが例によって会話で乗りに乗ったとき、打ち明けられなかった人はいない。〈国民《ナシオン》〉についての著作を準備しているところなのだ、と。このテーマにかんするモースの考えは、第一次世界大戦（モース自身、英国軍付き通訳として戦闘部隊に参加した）の過程で熟成し、明瞭なかたちをとるようになった。平和協定が締結されてごく間もないころ、おそらくは一九一九年から一九二〇年にかけてのことであると思うが、モースはこの企図を実行に移し、その本のいくつかの章を執筆した。だが、その後モースがこの本の執筆に再着手したようには、部分的にでさえ見えない。おそらくモースは、この本に立ち戻って著作として完成させることを先延ばしにしていたのである。それというのも、モースは相変わらずそれに思いを馳せ、それについて近しい人たちに話し続けていたからである。けれども、より民族学プロパーにかかわる他のさまざまな仕事があり、またコレージュ・ド・フランスでの講義があって、それやこれやで生涯の最後にいたるまで彼は忙殺されてしまった。ともあれ、モースが手元に遺しており、モーリス・レーナール（フランスのプロテスタント牧師で民族学者。ニューカレドニアでの宣教と民族誌学的調査で知られる）に託された文書のなかには、未完のままに終わったこの大傑作（*magnum opus*）の素材として準備されていたかなりの量の手書きメモが存在していたことは事実である。モーリス・レーナールが亡くなったとき、これらの文書がわたしにゆだねられたのである。

これらをそのままのかたちで公刊することは問題外であった。それらのなかにはまったく判読不能なものもあったし、練り上げが不十分なものもあったから。その上、このような状況にあっては、つねに次のような問いにとらわれうるのだ。こうしたテクストを公刊する権利などあるのだろうか、と。このテクストは、著者自身が生きていたとしたならば、一般読者の目に触れるようになることを望まなかったであろうものである。しかもまた、著者自身が終局的にたどりついた思索とは、おそらく厳密には一致していないものである。それなのに、テクストを公刊する権利などあるのだろうか、と。ためらいにも怖れにも多大なものがあったが、最終的にジェルネ氏（法学者・文献学者で、一九四九年から六一年まで『社会学年報』誌の事務局長をつとめた）とわたしの二人は意見の一致を見た。これらのテクストの少なくともある部分は、忘れ去られてはいけないと考えたのだ。モースがそれに重要性を付与していたということそのことからして、わたしたちにはそれらを忘却に沈ませるなどということはできなかった。モースはアルカイックな社会についてと同様に現代世界の諸問題についても深く考察した人だったのである。モースは、政治的な諸事件と社会的な大変動をみずから目の当たりにしたところであった。それによって、彼の思考にはさまざまな新しい経験が養分のように加味されたのだし、また彼のじつに鋭敏な精神はそうした経験によく学んだのである。モースはそこにあって、二つの現象をその現場で把捉していたことになる。二つの現象とは、相互に矛盾して見えるが、それが矛盾しているのはたんに見た目の上でのことでしかない現象である。一つは、ナショナリズムの動向である。これによって人間の諸集団は一種の執拗な個別主義に陥り、そこで互いに孤立しあうように導かれる。これに対してもう一つは、ときを経るごとにますます緊密さを増し続ける多様なナショナルな集団どうしのあいだの紐帯である。成り行きからして、これらナショナルな集団は自分たちの共通の必要性のため、互いに協調しあうように導かれている。洞察力に秀でた観察者であるモースは、経済的な諸現象に特別な注意を払っているが、だからといって社会生活のそれ以外の側面を無視しているわけではない。モースの高度な教養のおかげで、彼はこうした側面もまた把握し、理解することができたのだから。それは政治であり、言語であり、宗教であり、倫理である。これらすべてが彼の分析においてしかるべき位置を与えられるはずであった。現にすべてが、このグローバルな現象の一要素を、つまり国民《ナシオン》というものを、つくりなしているのだ。国民《ナシオン》というこの語を、モースは国家《エタ》という語よりも好んだものであった。国民のほうが、国家ほどには法的ではないから。だがそれだけでなく、国民という語はその内部に何かしら情緒的な響きを湛えているから。

残されている諸断片から判断するに、著作が完成していたとするなら、それは記念碑的なものとなっていたことであろう。しかし残念ながら、この記念碑が建造されることは決してないであろう。そしてまた、忘却から救いださねばならないとわたしが考えたいくつかの断片にしてみても、モースが企図していた作品を正確に伝えることはできない相談である。けれど、それでもなおわたしには、これらの断片を公刊するのが必要であると思われた。これらの断片は、偉大な学者のある新しい側面を浮かび上がらせることになるから。その死が、社会学者たちのなかにあがないようのない空隙を残した偉大な学者の、ある新しい側面を。

アンリ・レヴィ＝ブリュル[*1]

イントロダクション

「ナシオン」ということばは、法学者と哲学者の専門用語において比較的最近になって使われだしたものである。当の人民《ププル》たち自身の語法においてそれが使われるようになったのは、なおのこと新しい。〈都市国家《シテ》〉であるとか、社会であるとか、〈主権〉であるとか、法や法律や政治であるとか、こういった諸概念は昔から意味が定まっている。国家《エタ》という概念も同様である。国家概念は、一六世紀フランスの大法律家たちに発し、一七世紀および一八世紀のオランダおよびドイツの大法律家たちにいたる思潮以来、意味が定まっているから。これに対して、国民《ナシオン》という概念は、生まれ出るまでにははるかに長い時間を要した。多くの言語にあっては、まださほど常用されていない。専門用語としては、まだ意味が定まっていないし、多くの場合では国家という概念と混同されている。

したがって、思想史と比較文献学をわずかながら繙《ひもと》くことが、ここで必要となるのである。

＊＊＊

フランス語の「ナシオン」(nation)ということばは、それがかつてもっぱら含意していたことを今でも変わらず示している。第一に、領事法においては、そして一般的な語法においてさえ、「東洋の諸国《ペイ》」が云々されるとき(この箇所の原文は読みにくいが、フルニエとテリエの校訂版を参考に、意訳して訳出する)、誰それはフランスのナシオンであるとか、イギリスのナシオンであるとか、フランスの「生まれ」であるとか、そういう言い方が相変わらずなされている(「ナシオン」という語はラテン語で「生まれ」を意味する「ナティオ[natio]」を語源としている)。第二に、大学にさまざまな「ナシオン」があって、それらがさまざまな寄宿学校《コレージュ》に分かれていた時代の記憶が、パリでは保持されている。これら二種類の制度のもとで——つまり、大学法と、異教国におけるキリスト教の領事法とのもとで——、ある君主の国外における臣民たちが一つの「ナシオン」をなすという考え方が形成されてきたのである。今でもこの原理は、ムスリムの国々において適用されている外国人特権付与条約《キャピチュラシオン》（オスマントルコ帝国を中心とするかつての中東で、主としてヨーロッパ人居留民の特権を約定した）でじっさいに使われている。ムスリム諸国では「ナシオン」が、その領事の権限によってそれぞれに名前をつけられていたのだからである。

このことばの意味を最初に研究したのは聖職者たちであった。民法・公法研究における、および教会法研究における聖職者たちであった。一六世紀には、このことばは依然としてかなり人口に膾炙していたようであり、すでにほとんど近代的な意味を有していたようである。一六世紀初期の我らが偉大な法学者や経済学者がこのことばを使っている。キュジャスにしろ、ロピタルにしろ、ボダンにしろ（いずれも一六世紀フランスで活躍。キュジャスは人文主義法学者。ロピタルは大法官で、ユグノー戦争期にカトリックとプロテスタントの和解を志向。ボダンは経済学者・法学者）、偉大で果敢な人々であって、彼らの行動によって一五七六年の全国三部会へといたったのであり、そこにおいて理性の声が聞かれるようになりはじめたのであった。[*2]〈国民《ナシオン》〉とその〈君主〉、この二つの用語こそ、これらの人々がきわめて明瞭な対立軸上においてすでに用いていたものだったのである。同じように、キリスト教世界のもう一方の側においては、すでにルターが「ドイツ国民」の貴族たちに、次いで「ドイツ国民」の人民たちに、訴えかけていた。そもそもルターの目には、「ドイツ国民」なるものが現実のものとしてあらわれていたのである。聖職者集団や大学のなかに、「ドイツ国民」は実現されたものと見えていたのである。帝国や「人民《プブル》」のなかに実現されてはいなかったにしても。帝国は昔ながらにローマ帝国的であったし、「人民」も昔ながらにさまざまに分裂したままであったから。

この伝統は、自由主義とデモクラシーへ向けた最初期の努力と時代を同じくするものであったにもかかわらず、不幸なことに忘れ去られてしまった。このとき練り上げられていたのは、支配者という観念であり、国家という観念であり、法という観念であった――じっさいこれらの観念は論理的に先行するものであったように思われる。君主の意思は人民の意思を無意識裡にではあれ最高次元において表現するものであって、そういうものとしての君主の意思によって国家が統一されていることがおそらくは必要だったのである。法にしろ憲法典にしろ、それらに第一に仕えるのは君主であって、そういうものとしての法や憲法典によって国家が統治されていることが必要だったのである。そして何よりも、国民という概念が、すなわちある国家の市民の総体であり、国家それ自体とは異なるものとしての市民の総体という概念が、「哲学者」や法学者たちの眼前に立ちあらわれうることが必要だったのである。

国民という概念は、一八世紀の哲学者たちとともに、そしてまた二つの〈革命〉という政治状況（一七世紀の英国において王政に抗したピューリタン革命と名誉革命を指す。前者〔一六四〇―六〇年〕は共和政を導き、後者〔一六八八―八九年〕は立憲君主制の基礎を築いた）とともに、あらわれた。奇妙なことであるが、二大〈革命〉の理論家たちは、国民概念と不可分の民主主義体制を確立するのに誰にもまして貢献したにもかかわらず、この国民という概念をほとんど知らないままであった。ここでいっているのは英国の二大〈革命〉のことである。今日においてもなお、英語のネイションという語はほとんど急進主義的な語彙の一部でしかなく、この語はそこにフランス人と英国社会主義者たちから還流したのであった。英国における国民の構築は、「臣民」と「王国」といった旧来の語彙によって、せいぜいのところ「国《コントレ》」といった旧来の語彙によってなされたのである。つまり、テクニカルな領域においては、とりわけ政治にあっては、何かことをなすのに、それにかんする概念など、とくに抽象的な概念など、あらかじめもっていなくともよいのだ。もたぬまま、ことをなし続けることさえできるのである。そうしつつ、その概念について、そもそもそれが無用であるということすら意識化することがないのだ。

　国民概念を練り上げたのは一八世紀フランスの哲学者たちである。彼らは、明確かつ適切な仕方でではなかったかもしれないが、少なくとも他とは異なるものとしてこの概念を取り上げた。百科全書派とルソー、とくにルソーであるが、彼らが国民概念を決定的に採用したのだった。それ以前にジュネーヴのこの「賢者」（ルソーのこと）は、スイスにおいて人民立法（直接民主制の形態で、全人民が代表を介さずに立法にあたる）がおこなわれているのを目の当たりにしていた――少なくとも諸州の小さな共同体においてそうであるのを。自分のところや、ジュネーヴの人士・ベルヌの人士のところは貴族制の枠内での民主制であり、人民立法ではなかったけれども――。ルソーは経験から、人民《ププル》とは何であり、国民《ナシオン》とは何であるのかを知っていた。英国の政体機構をしか注視していなかった人々に比べて、もっとよく知っていたのである。そしてルソーこそが、スイスのやり方に見られるように、代表されるもの、すなわち主権者と、それを代表するもの、つまり立法議会や執行議会とを区別しているのだ。

これに続いたのは、フランス革命の理論家たちや政治家たちである。アメリカ革命（アメリカ合衆国独立革命）においては、まさに国民の一大危機の上に国民が基礎づけられ、生まれ出たばかりのデモクラシーが老いさらばえた王政と植民地官僚制とに対抗した。このアメリカ革命もまた、みずからが本質的な性格を備えていることに半ば無意識的だったのである。

アングロサクソンの諸人民は、じっさいのところ実践的な天賦の才をもっており、それによってきわめて重要な法形態をさまざまに発明している。けれどもその一方、彼らはある種のイデオロギー的な臆病さももっていて、自分たちがおこなう政治的な介入がいかに革命的な性格をもつものであるのかということを意識せずにいる。大陸の革命、フランス革命とドイツ革命はまったく違った考え方をする。概念や観念が、しばしば法に先立つのである。そうはいってもここでもまた、哲学者が先立って考えることと、政治家たちがその場で実践的に下す決定とのあいだには、そしてまた、制度がかたちをなしてから、そのまわりに事後的に固着する世論の中心観念《イデ＝フォルス》とのあいだには、空白の隔たりがある。国民概念は、一七八九年の記念すべき日々（一七八九年七月一四日のバスティーユ城塞襲撃を端緒とするフランス革命）を経て、そして何よりも連盟祭という偉大な日（バスティーユ襲撃から一年後の一七九〇年七月一四日に開催）を経て、それ以前に比べてはるかに明確で鮮明で、同時にはるかに豊かな形態に恵まれることとなった。というのも、連盟祭において史上はじめて、ある一つの国民が儀礼と祝祭によってみずからを意識化しようとしたのであり、国家権力と対峙してその姿をあらわそうとしたからである……。これほどまでに高揚した出来事を他に見つけようとするなら、ロシア革命の陶酔というごく最近にまで時代を下らなくてはならない。「国民、法、王」。憲法制定国民議会の議員たちの三位一体《トリニテ》が構成されるようになったのである（憲法制定国民議会は、一七八九年、フランス革命勃発直前に第三身分が中心となって形成。国王政府への抗戦姿勢を明確にし、国王もやがてこれを承認。聖職者や貴族も参加するようになった）。

これは概念の遷移としてはしごく正常なものであり、その遷移は概念の本質それ自体に深く織り込まれていた。アメリカとフランスの偉大な革命家たちが概念化していた国民とは、祖国愛《パトリオティスム》が決定的な仕方で花開く理想的な場だったのである。共和主義的という語とパトリオットという語とは、そもそものはじめから結ばれあっていたのだ。さまざまな権利を最初に提起した人民は、それらを防衛すべく国境へ馳せ参じたのだし、陰謀をめぐらす圧制者たち（これは当時の表現であるが、現在でも正しい表現である）の軍隊を撃破したのだった。一人の王に対する忠誠とか、一つの国家に対する献身とか、国民の独立にかんする漠とした意識とか、あるいはむしろ外国の政府に対する恐怖とか、こうしたものは、祖国《パトリ》という観念の明晰さには遠くおよばなかった。この観念にしても、それが認識されるようになったのは、ようやくヴァルミーの英雄たちとともにである（ヴァルミーは北フランスの村。フランス革命の波及を恐れるオーストリアとプロイセンの軍事介入を受け、「祖国は危機にあり」という宣言を発した革命政府の軍が、一七九二年九月、プロイセン軍を破った地。革命政府にとって革命後最初の軍事勝利で、「革命精神の勝利」と称揚された）。そこからこの観念は、ヴァルミーの英雄たちさながらに、ヨーロッパの高潔な人々のあいだに広まることとなったのだった。形成されつつあった国民も（ドイツ、イタリア）、圧政に虐げられていた国民《ナショナリテ》ならざる諸民族も（ポーランド、ボヘミア、ハンガリー、セルビア）、したがって陸続とみずからの意思を自覚しはじめたのであった。存在しようとする意思を。抵抗しようとする意思を。みずからを再構築しようとする意思を。国民《ナショナリテ》の自決という原則は、いまだその役割を終えてはいないけれども、こうした国民のさまざまな要請を、すなわち存在への要請、まったき存在への要請を、象徴的にあらわしていたのである。そしてそれは、多くの場合において、「国民、法、王」という三位一体のかたちをとった。のちになって、これは二つの位格が一体化したものにすぎなくなったが。すなわち、〈法〉と〈国民《ナシオン》〉とである。

　しかしながら一九世紀になって、国民という観念には陰りが生じた。というよりも、その精神が変容した。国民の主権という原則、つまりルソーのドグマは、あまりにも「革命的な観念」（プルードンの呼び方では）でありすぎたのである。そのためそれは、衷心から共和主義者でない人々の気に入る観念とはなりえなかった。ある時期からこの観念は、理論家や弁護士や哲学者（フィヒテのような）のもとでしか見られないようになった。次いで社会主義者たちのところでしか見られないようになった。つまり、この観念は放棄されたのだった。法理論家や政治理論家たちは、むしろ国家という観念を選好し、それに専心するようになる。そもそも彼らは、国民の別の形態に執心するようになった。

国民《ナシオン》という観念は国民形成《ナショナリテ》という観念にその座を譲ったのである。それというのも、多数にのぼる国民ならざる諸民族《ナショナリテ》があったからであり――すでにルナン（一九世紀フランスの宗教史学者。国民についての理論家としても知られる）は「潜在的な国民」といっていた――、これらについては、国民にまつわる内政や外交の体制の問題を提起するのに先立って、顕在的なものとしての国民をつくりださなければならなかったからである。過去一二〇年間のヨーロッパとは、国民を、新しい国民を、維持し、生みだし、生かす、不断の営みであった。ナポレオン戦争の末期にしても、一九世紀の二つの主要な戦争（一八五九年の戦争と一八七〇年の戦争）（前者はイタリア統一戦争、後者は普仏戦争と思われる）にしてさえも、そして世界大戦にしても、これらは国民の戦争であって、そこで国民は生き延びるために、あるいは再生するために、戦ったのである。

じっさいのところ、わたしたちはまだこうした表面的なことば遣い《ロゴマシー》から抜けだしていない。これらの概念がいかに重大で明確な性格をもっているか、そしてそれらがいかに政治的に深刻なものであるかに気づくのに、西ヨーロッパでは苦労してさえいるのだから。わたしたちは、長年にわたって確立された国民のなかで生きている。それも、おおかたのところは自由で民主的な国民のなかで生きている。東ヨーロッパではどうか。トルコの力と圧政の体制にしても、ハンガリー人にしてもロシア世界にしても、

「その国の人々《ナショノー》」を抑圧してきた。生まれ出ようとしていた多くの国民にあって……。こうした種々の戦いに、一世紀以上が費やされた。一九世紀の前半はこうした戦いも実を結ばなかったが、その後は勝利を得るようになった。世界大戦も、それがオーストリア戦争であったかぎりにおいては、国民《ナショナリテ》になろうとする者たちの戦争であった。純然たる力のみで支配するこれらの国家、つまり西ヨーロッパ（フルニエとテリエの校訂版では「中央ヨーロッパ」）および東ヨーロッパの〈権力国家〉(Macht-Staaten)と同じように、新しい国々の大部分はいまだに混成社会であり、そこで国内少数民《ミノリテ・ナショナル》はいまだに自分たちが抑圧されていると思っているか、あるいは現に抑圧されているかである。わたしたちの同時代の人々の大部分にとって、国民《ナシオン》という観念は何よりもまず国民形成《ナショナリテ》という観念であり、ナショナリズムという観念なのだ。国民観念に備わっているのは、何よりも否定的な内容なのである。しばしばそれは外国に対する反抗であるのだから。自分以外のすべての人々に対してもつ憎悪、その人々が自分たちを抑圧しているわけではないときでさえいだく憎悪であるのだから。

　さらにまた、法律家たちが国民を定義しようとする試みも貧弱であった。国際法の理論家たちはいうにおよばず、憲法や民法の理論家たちでさえ、国家にしか重要性を与えずにずっときている。もっと正確にいうなら、国家を国民と一緒くたにしている。ブルンチュリが提起している国家の古典的な定義は、おおよそのところわたしたちの社会の定義に重なる(ブルンチュリは一九世紀ドイツの法学者。国家有機体説の立場から国際法や国家学を論じた。国家有機体説は国家を一箇の有機的な生命体と見なす立場。個々の成員は国家の機能を分担するものとされる)。だが、意識的にか無意識的にか、ブルンチュリは国家のほかにはなにも存在しないと信じていたのであり、市民たちにもそう信じさせたのである。もっとも興味深い事態は間違いなくドイツの事態である。なぜならドイツでは、〈国家〉(*Staat*)と〈社会〉(*Gesellschaft*)とを対立させることが古典的になされてきたにもかかわらず、国民ではなく国家のほうを具象化し、実体化し、神格化して捉えるようになったからである。

したがって、いまだにあらゆるところで、理論においてさえも、国民観念の内容は脆弱である。それにわずかながらもポジティヴな力を与えている唯一のもの、それは結局のところいまだにナショナリズムなのである。だが、ナショナリズムがナショナルな意識という病弊を生みだすものであるとしても、それは何よりも二つの反応を表現しているのにすぎない。一つは外国に対する反応である。もう一つはナショナルな伝統を蝕むといわれる進歩に対する反応である。こうした膿を出してしまうこと。その反対に、この観念が懐胎する豊かなもので、観念の意味を満たしてみること。これこそが、およそあらゆる政治理論の喫緊の課題なのだ。

国民観念のほうを順応させることもまた必要である。もっとも開明的な人民や国民にあってさえ、国民ということばはいまだに一般的に使用されるにいたっていない。確かにフランスでは頻繁に「ナショナル」ということばがいわれるが、他のことばがないためにそこで用いられているのにすぎない。古めかしく仰々しい「王国の」とか「帝国の」といったことばの代用なのだ。国家の諸機関を指し示したり、あるいはたんに国家が後ろ盾となっている諸機関を指し示したりするのにすぎないのである。音楽ナショナル・アカデミー。何のことはない、旧王国オペラであり旧帝国オペラなのだ。これを共和国アカデミーなどといおうものなら、やっかいではないだろうか。フランス人はかなり明瞭な話し方をするし、このことばについてもかなり頻繁に使用するけれども、そうするのはまだフランス人だけなのである。

フランス語以外の言語のほとんどは、フランス人からこの語彙を取り入れている。このことはすでにして次のことを意味している。この観念があらゆるところで同時に、そしてまた自然に、練り上げられてきたのではなかったということである。英国人はよく〈ネイション〉というけれども、英国人がみなそうであるわけではない。

諸国民《ナシオン》と国民になろうとする諸民族《ナショナリテ》

わたしたちは今や、どのような種類の社会が国民《ナシオン》という名に値するのかを述べようとすることができる。ただし、諸社会の政治的な組織化についての一般史を正確な仕方で描写しようとすることはしない。第一に、依拠できるような全体を見渡した研究が一つもない。わたしが知るかぎり、社会学者で二人だけこれを試みた者がある。モルガンと、それに続いたパウエルである（ともに合衆国の研究者。モルガンは現代人類学の始祖の一人とされ、北米先住民研究に発して人類の全般的な社会史を、主に家族形態・婚姻形態の点から進化論的に再構成した。パウエルは北米先住民の言語分類について大きな業績を残した）。だが、両人とも深く独創的な知性の持ち主であるものの、いうなればあまりにアメリカ的すぎる。そのため、両人の研究に範をとるにしても、細心の注意を払わなくてはそうすることができない。また、両人ともどちらかというと家族理論に関心を寄せており、社会の公的生活におけるどのような変化によって、クランから個別家族への分割の道筋がどのように規定されてきたのかを探究することに専心している[*3]。第二に、デュルケームもまた未公刊の講義（わたしはそれらを出版したいと考えている）においてこの問題に触れていた。わたしはデュルケームの考えから大きなヒントを得ている。それらの考えは『社会学年報』誌の全一二巻（同誌は一八九六―一九七年の号を皮切りに、第一次世界大戦の勃発で中断するまで一二巻を発刊している）のうち、政治組織の分野でのさまざまな出版物にかんするデュルケームの書評記事に広く点在している。最後に、わたしがこれから言及する事象の大部分はすでに知られていることがらであるが、同じだけの重要性をもった他の事象がいかにわずかしか、あるいは不正確にしか知られていないことであろうか！　わたしたちはすでに現時点で、多分節社会やクランを基盤とする社会や部族体系の未開形態について、そしてまた君主制の未開形態についてとその発展形態のいくつかについて、比較的確実な見解をもっている。*4 これに対し、進化のもう一方の端にかんして、つまり近代国家にかんしては、法律学者と哲学者たちの研究はたくさんあるものの、いまだに整理がうまくなされておらず、理論面と実際面とのあいだでどっちつかずとなっている。ただ、思想と思想史についてのほうが事実と事実史についてよりも研究頻度が高い。けれども、これら二つの研究分野のはざまにあって、社会学は――確かにまだ非常に年若いとはいえ――いかに多くの領域を手つかずのまま研究し残してきたことだろうか！　一方で未開の王権は、その宗教的な性格にかんすることがらを別にすると（これについてはフレイザーの示唆に富んだ興味深い本がある）（フレイザーはイギリスの人類学者。王権と呪術・宗教との関連について通文化的に論じたものとして『金枝篇』がある）、ほとんど知られていない。古代王権にしてからが、ローマ帝国という国家概念の創始者よりも前の時代については、法的見地からも行政的見地からも、やはりよく知られてはいいない。西ヨーロッパの封建制についてはよく知られているけれども、では封建制とは一般に何なのだろうか。まだおこなうべきなのは――このことを認めようではないか――比較研究である。そのために必要となるのは、古代ペルシア、インド（古代インドも現代インドも）、古代中国、北西アメリカと中央アメリカ、ポリネシア、アフリカといった世界各地におけるクラン首長制と軍事カースト制の研究である。以上が君主制と貴族制についてであるが、民主制についてもわたしたちは同じような不確実な状況にある。

　数世紀にわたって文献学的研究がおこなわれてきたおかげで、古代民主制がどういうものであったのかはだいたい分かっている。中世研究者と法制史家には、中世ヨーロッパにおけるコミューン民主制がどのようなものであったのかが分かっている。そうであるとはいえ、こうした種々の民主制がどのような凝集の過程を経て、西欧の大規模な民主制を形成するにいたったのかは、それほどよくは分かっていない。ピレンヌ（ベルギーの歴史家。八世紀のイスラーム進出によって中世ヨーロッパ社会が成立したとする主張で知られる）がオランダについておこなったのと同様の研究が、イギリスや、フランスにおける全国三部会の形成についてさえ欠如しているのである。さらには、それがどのような起源をもつのか、ゴール人やゲルマン人におけるキウィタス（*civitates*）（一般に古代ローマにおいて、市民権、都市、地方行政区、国家などを指し、あるいは古代ゲルマン人の部族共同体を指す語）がいかなるものであったのかについては、いかに多くの点が永遠に模糊としたまま残されることであろうか！　それらが貴族制の性格をもっていたのか、それとも民主制の性格をもっていたのか、現にいまだにはっきりしていないのだ。

けれども、政治体制の区分にかかわる根本的な諸原理（それはソクラテスにさかのぼり、アリストテレスによって古典となり、現在でも古典であるものであるが）についてなら、いうべきことがたくさんある。民主制、君主制、貴族制という区分をおこなうことは、権力の組織化について、また、権力に参画する人々の数的規模についていうなら、確かに正しいことである。じっさい、この区分はこの権力の諸形態にかんするかなり良質の基準になっている。ただ、この区分によっては、この権力の基底部にあるものについてはまったく窺い知ることができない。すでにアリストテレスは、ポリテイアイ（πολιτεῖαι）（「国家、政体、政府」などを意味するポリテイアの複数形）、すなわちさまざまな政体について（モンテスキューも、イギリスやフランスの哲学者たちも、アリストテレスを模倣しているのにすぎない)、君主制と貴族制、そして民主制が適度に混ざりあったものを理想としていた。イギリスやスウェーデンが、いまだにそうした混成態を示しているように、そして一八七〇年以降のドイツ(普仏戦争に勝利したプロイセンがドイツ帝国を成立させて以降のドイツ)がそうであるように、である。しかしながら、形態が混成しうるだけではないのだ。これらの形態は基底部とは独立的でありうるからである。権力というものは、統治される人々にとって縁遠いものでありうるし、統治される人々とはきわめて異なったものでありうる。統治される人々の側では、権力とは独立した仕方で日々の社会生活を営みうるのである。スラヴやらヒンドゥーやらアイルランドやらの「合同家族」(joint family)にしても村落にしても、貴族政治や専制政治がその上に覆いかぶさるかたちで、あるいはその二つが二つながらに覆いかぶさるかたちで、独自の営みを続けていた。アンナン(ベトナム北部から中部を指すフランス統治時代の名称)や中国の村落は、その家族的かつ民衆的な形態において、これらの国々における社会生活の真正な機関である。社会学者に(そして政治家に)必要であったのは、単純な知的理解でよしとする姿勢にとどまっておらずに、人間というのは相矛盾することどもを同時的に、また経時的に、望み、思考し、感じうるものであるという捉え方にまさしく慣れることだったのではないだろうか。心理学者や医者がそうしているのと同じように。プロイセンは神から授けられた王権という考えにもとづく王国の例であるが、神から授けられた王権によるとともに、同時に民から授けられた王権にも依拠している。そこにあるのは二つの主張にすぎず、かつそのそれぞれはいまだに完璧に根拠を有している。そのため、大多数のプロイセン人はといえば、ラーテナウ（ドイツの政治家・実業家）氏にいたるまで、大戦後の今になってさえまだ、君主制が人民の利害関心をやりくりしてゆく唯一の方途であると見なしている。人民自身によってではないが、人民のためにやりくりしてゆく唯一の方途であると。

　わたしたちはある種の大胆さをもって進まなくてはならない。ここで足早に社会生活がとる政治的な形態を分類してみよう。それにより、以下のものを正確に規定することができるようになるだろう。歴史上知られている社会のなかで、国民《ナシオン》の名に値する社会は何か。現在、国民になる途上の社会は何か。おそらく国民ではなく、国民になる見込みもまったくなく、さらにおそらくは社会でさえないような社会は何か。これらを規定することができてはじめて、わたしたちは実践的かつ政治的な諸結論にいたることができるであろう。学問においてはゆっくりと進んでゆっくりすぎるということはないであろうが、実践においてはゆっくりと待っていることなどできない。学問がみずからの知をもって即応的に応答することが必要である。たとえそれが、暫定的で経験だけに訴えた調査に依拠してのことであろうと。わたしたちの研究は、ある程度までそうしたものなのだが。

社会は四つの大きな集合に分類することができる。まず、家族から形成される相互に対等な政治的な諸集団からなるものがある。諸集団のそれぞれは、平等な人々から構成され、その内部において無定型である。たとえば、カナーンの地に入る前のイスラエルがそうであったし、ローマ建国以前の、後にローマ人となる人々がそうであったし、古代ゲルマン人がそうであった。デュルケームはこれらを多分節的と呼ぶことを提唱した。また、モルガン以降、人類が全体としてこの組織化段階を経由してきたということは確実となっている。人が部族レベルで糾合されることはほとんどなく、部族が機能するとしても一時的でしかない。トーテミズムは、動物種なり植物種なりを自分と同一視する信仰として、その性質が知られはじめてはいるものの、クランを象徴するにとどまっている。部族全体を象徴するようになるには苛酷な進化を経なければだめであるし、そもそもそのようになることはごくごく稀にしかない。これに属するのが、オーストラリア、メラネシアのすべての社会である。そして、南北アメリカの多数のインディアン社会である。

これの上に部族的形態の社会がくる。これは、そこにクランが存続しているため、いまだに多分節的であるが、部族がすでに恒常的な組織となっており、恒久不変の権力の座に首長たちがいるような社会であって、その権力は民主制によるものでも、貴族制によるものでも、君主制によるものでもありうる。じっさい、これら三つの特性のすべてが混成しているのが見られる。たとえば、バンツーの地では(南アフリカに広がる、いわば同型的な諸人種《ラース》と諸言語からなる一大文明圏にあっては)、部族が集権化するいくつかの形態のあいだに移行的な形態が頻繁である。現代にあっては、ズールー王朝やバガンダ王朝が成立するのが見られた。また、同じく現代では、コンゴやロアンゴの諸部族が民主化するのが見られた(これらの諸部族は、かつてはきわめて集権化の進んだ王国であった。ただし、現代における民主化の一方で、これら旧来の野蛮人の宮廷からなる封建的階層制は相変わらず存続している)。このタイプの社会に属しているのが、北アメリカの大規模な部族のほとんどすべて、アルゴンキン、スー、イロクォイといった諸部族である。とりわけ、合衆国南部、中央アメリカの南西部、南アメリカの西部に最初の都市を築いたのはこれらの部族だった。マラヨポリネシア人のほとんどすべて、ニグリシア人（ニグリシアは、サハラ砂漠以南の西アフリカから中央アフリカにかけて広がる地域である「スーダン」を指すフランス語の古称）とナイロート人（ナイロートは、ナイル谷から中央アフリカ・東アフリカにかけて分布し、ナイル諸語を話す人々。主に牛牧に従事する）、アジアにおいて残存しているすべての野蛮人（アンナンや中国内陸部の諸部族、など）も、これに属している。

第二群の社会も同じように二つに区分される。クランをベースとした部族に取って代わった社会、そして部族一般に取って代わった社会は、二つの特徴によってこれらとは対立している。第一に、クランとか合同家族とかといった元来あった分節が、多少なりとも大きく消失していること。第二に、そうした社会内の境界が見られなくなっていること。もともとはクランとクランとを対立させ、村落と都市、または都市と都市とを対立させていた対立関係があったわけだし、社会内部での戦争があって、それが執拗に続いたり、何度も繰り返されたりすることによって、きわめて進化の度合いの高い社会形態においてさえ、現代にきわめて近い時代にいたるまで、そしてわたしたちときわめて近い国にいたるまで、政治的形態の遅れや退行が示されていた。たとえば日本では、いまだにクランが残っており、それが政治生活においていまだに決定的な役割を果たしている。日本人民の統一というのは稀に見る快挙ではあるけれども、クラン政治や、封建的クランによる政治でさえもが日本には残っており、その特性のために日本は、それよりもはるかに未開の度合いが高い諸社会と類似しているのだ。

家族が政治単位でもあるような家族＝政治的集団が消失するということは、社会内部での大きな変革と連関している。政治社会の安定した組織化と、それを示す中央権力の存在・威力・恒常性は、スペンサーが統合と呼んだものである。そして、統合と呼び続けることができるものである。そうすることで、統合されていない社会、すなわちクランをベースとした社会と、統合されている社会とを区別することができる。たとえば、最初期の中国、最初期のエジプト、ギリシアのもっとも未開の部族たちがすでに統合された社会であったことは確実である。また、歴史時代に入ってきたときのインド＝ヨーロッパ人はすべて、すでにこの段階の社会であるということができる。彼らのところでは、中央権力、すなわちアルケー（ἀρχή）（ギリシア語で「統治、主権」の意）、インペリウム（imperium）（ラテン語で「命令、権力、統治」の意）が、いたるところで実現していたわけではないが、少なくともその可能性はあった。先コロンブス期アメリカのいくつかの地点、中央アメリカとアンデス・アメリカは、この種類の国家を知っていた。このタイプの社会について、そしてこれより高度な他のタイプについても、これまでそれらをナシオンという名称で呼んではどうかという提唱がなされてきた。わたしたち自身、つまりデュルケームとわたしということであるが、わたしたち自身も最近になるまでこの呼び方を用いてきたことを認めなくてはならない。わたしたちはじつはこの呼び方を比較宗教史学から借りてきていたのだった。比較宗教史学においては、キューネン（オランダのプロテスタント神学者）以来、ナショナルな宗教（民族宗教）と普遍主義的な宗教とを区別していたのだからである。けれども、この呼び方には欠陥がある。ここでは用語法をもっと正確なものにしたい。

じっさい、わたしたちはナシオンという名称のもとで、統合レベルがきわめて異なりあうさまざまな社会を一緒くたにしてしまっている。一方には、アリストテレスが人民《ププル》であるとか民族《エトネー》であるとかと呼んだものがある。他方には、アリストテレスが都市国家、ポレイスと呼んだもの、そしてわたしたちが国家であるとか国民であるとかと呼んでいるものがある。この二番目のものを識別することが本研究の目的であるが、まずは一番目のものを識別することが有益である。議論の道行きにおいてのみならず、わたしたちの研究全体にとっても有益である。

社会学において生物学的な比較は危険なものであるが、もしそれが危険でないとしたならば——比較というのはつねに危険なものである。なぜなら比較はつねに類比にもとづく推論であるから——、わたしたちはここで動物学者の分類手法をそのまま適用したことであろう。そして、多分節的社会は動物の科や属のなかで下等な種に比較することができると述べたことであろう。一方にあるのは、動物のコロニー(同一種の生物個体が群れをなす生活形態で、原生生物、腔腸動物、海綿動物その他に見られる。群体)にも比較しうる社会である。そこでは、一つひとつの構成要素が結局のところ相互に独立的であり、単独で生き、死に、生殖する能力を有している。もう一方にあるのは、部族組織であって、無脊椎動物の高等形態に適切に比較しうる社会である。それらは依然として分節から構成されているけれども、諸分節はすでに比較的に相互依存的である。一部の分節を切除しても生体に苦痛をおよぼすことはないし、分節が自家生殖することさえ可能であるとはいえ、組織としてはすでにして中枢神経系を備えており、統一化された意識と生命を有しているのである。

このあとに続く二つの社会群はといえば、これとは逆に一つは昆虫と軟体動物に、もう一つは脊椎動物に、それぞれ比較することができる。前者から手脚をもぎとれば、それが再生することは不可能であるけれども、それでもまだ生き続けることはできる。たとえばクモの脚がそうである。部分に対して相当な切除が施されても、全体はまだそれに耐えることができる。これらの社会もそれと同じである。アリストテレスはいったものである。バビロンを都市国家《ポリス》として記述することはほとんど無理である、人民《プブル》として、民族《エトノス》として記述するしかない、なぜなら、バビロン陥落から三日たっても、都市の一部はまだそのことに気づいていなかったといわれているからである、と。こうした社会にあっては、ナシオンとしての連帯性はいまだ潜在態であり、結局のところ緩んだままなのだ。一部を切除したり、ひどい目を見させたり、それどころか断首したりしても生き続けうるから。境界が侵されようと、内部組織が壊されようと、何とでもなるから。国外の暴君に支配されたり、外国の植民地となったりすることを受け入れ、それらを同化したり、それらに同化したり、あるいはたんにそれらに服属したりするから。これらの社会は脊椎を備えているわけではないし、強度の意識を有しているわけでもない。たとえ政治的な特性を奪い取られたとしても痛痒を感じないし、自分で自分を統治したいという願望をもつよりは良き専制君主のほうを受け入れる。これがじつは、インド、インドシナ、中国、東ヨーロッパ、さらには中央ヨーロッパの人民集団の生なのである。そこでは権力が不安定で、国家は無定型で、人民は無関心である。人民は統治されることに、あるいはむしろ搾取されることに満足している。インドの往時のクシャトリアがいっていたように、食べられること(興味深いことに、同様の表現がロシア語にも認められる。地方総督について、「地方を食べる」というのである)に満足している。平和でありさえすれば。中央権力が自分たちの生活圏で生活させてくれさえすれば。そもそも中央権力など、その存在がしばしば知られておらず、現にほとんどつねに存在せず、あったとしてもほとんど好まれていないのであるが。古代ギリシア社会やローマ社会に先立つ諸社会が相対的に無定型であったことは、数多くのかたちで示されている。王朝の継承の仕方。みずからの人民に対する無関心。人民の領域を広げたり狭めたりする仕方。無定型さが外にあらわれた印として、もっともよく知られているのはこれらである。そもそもこうした無定型さは、法と、これらの国家が（小さかろうと大きかろうと）しばしば混成的な性格を有していることに示されている。

第一に、政治的な法はほとんど存在しない。法は何よりも慣習である。民法なり刑法なりにかかわる慣習であって、公法（私人どうしの関係を規律する私法に対し、国家と国民の関係を規律する法）にかかわることはきわめて少なく、公法がかかわる場合にはほとんど例外なくそれは宗教的である。もしくは、ただたんに君主の権利義務ならびに上位カーストなり上位階層なりの権利義務を特定するだけである。最古の法整備はこうした社会にはじまる。バビロン王ハンムラビの法典がその例である。これらの法制は最初期のギリシア法制や、のちにモーセ五書となった法制（これらの法制がそのモデルとしての役割を果たした）よりもはるかに古い。メディア人（メディアは紀元前八世紀はじめ、イラン高原北西部に建った王国。紀元前六世紀半ばにペルシア帝国に併合された）やペルシア人の法制、そして古典期インド人の法制も、なお同じタイプである。

第二に、これらの政治的な法は、それが法制化される場合には、決まって権力の観点から法制化される。王国は王の事物にすぎない。王国の司法は、王がそこに秩序を行き渡らせる必要性に応えるものにすぎない。法が構想されるとしても、それはカーストの秩序であり、一般的な法ではなく、カースト秩序のための法である。これらの政治的な法はまたマキャヴェリ的なものである。人民《プブル》を瞞着し、敵を瞞着せねばならないのだ。結局のところ、それらは人民の全体にとっては外在的なものであり、人民全体は上からたんに規則のみを受け取るのであって、法というものを受け取ることはまったくない。人民の全体が受け取るのは、自分たちが社会の力学に沿ってしたがう政体ではなく、強制によってか、もしくは受動性と無関心によってしたがう政体なのである。

じっさいのところ、こうした状態にとどまっているのが、イスラーム法、中国法、ヒンドゥー法、マレー法（アダット）（アダットは東南アジアに広く見られる慣習的な規範・秩序）が適用されているすべての国々である。ツァーリ（ロシア皇帝の称号）以前のロシアもこの状態にあった。これらの国々は結局のところ統合されているし、行政管理がなされている。ただし、行政管理される当事者自身が直接的に行政管理をおこなっていないだけである。そこにおける法は市民がつくったものではなかった。市民は自分たちの地方的な慣習でないこと、地方的な関心事でないことには無関心であったから。古代のインドやアッシリアやエジプトには巨大な都市があり、そこでは人々が秩序づけられており、衛生管理が生まれ、公共事業の諸術が生まれ、公的・宗教的な建造物の建築術が生まれ、治安維持が生まれ、現代の地方自治法のいくつかが生まれていた。そうであるにもかかわらずこれらの都市は、有機的ならざる巨大な何かという印象を与える。これらの都市の現代の後継者たちはいまだにそういう印象を与えている。分裂した階級、カースト、部族、混成したナシオン、人民《ププル》の寄せ集めという印象を与える。古代都市やユダヤ民族(この二者は現代の倫理意識や公法・宗教法のプロトタイプをなしている)がすでにしてそうであるような、堅固で揺るぎなく、有機的で統一されたものという印象を与えることはないのである。

そもそもこれらの社会には次のような特徴がある。土地土地の法が重要性をもっている。地方や、地方総督領、じつに多くの場合、都市が、つねに潜在的にではあるが独立性を有しており、きわめてしばしばじっさいに独立している。そして最後に、またとりわけ、社会がしばしば(きわめてしばしばといってもよい)、混成的な性格をもっている。

クランなりかつての部族なりが執拗に残っている。村々が相互に孤立している。これらの特徴は、明確に規定された形成過程をもっている社会が形成される以前、それに先立ってきた社会がいかに分節的な性格を有しているのかを、きわめて多くの場合、今にいたるまで示す痕跡となっている。その一方で、国境地帯が不確かであること、辺境領《マルシュ》が封建的隷属をなしていること、大都市がしばしば二層的な構成をとり、頻繁に多層的な構成をとっていること、公職が不安定であること、および公職に従事する官吏が国王に奉仕する者として、あるいは都市から一時的に選出された者として捉えられており、それもまた不安定であること、こうしたことは挙げて政体の相対性と不安定性を露呈させているのであって、自分自身に対する固有の不信感を、すなわち、統治する人々が相互にもちあう不信感や、統治する人々が行政管理される人々に対してもつ不信感、——さらには統治される人々が統治する政府に対してもつ不信感を露呈させている。ルーヴル宮やヴァンセンヌ宮にあるフランス国王、ロンドン塔にあるイングランド国王、クレムリンにあるロシア皇帝は、こうした不安定性を引き継いだのであり、主権者と市民との分離を引き継いだのである。わたしの意見では、主権者と市民とがこのように分離しているということは、いまだ完璧に統合されていない国家、したがってナシオンの名に値しない国家に特徴的なことがらなのである。

したがって、分節的でない社会のなかに、散漫な統合状態にあって中央権力が外から押しつけられた社会を区分することができる。これをわたしは、その組織形態に応じ、人民《プブル》と呼んだり、あるいは帝国と呼んだりすることを提唱したい。

というのも、これらの社会をいいあらわすのに、これよりも適切な語彙が見つからないからである。その上、民主制の組織はこの社会においては稀であり、そうした組織に乏しいこと、そうした組織がある場合でも連邦制的な性格を呈することにより、この場合これらの社会は旧来の部族に類似することとなる。そもそもこれらの社会は通常、部族が残存したものであるのだが。

コーカサスの諸部族・諸社会、ヴォルガ河畔のモンゴル諸社会、ドン川またはクリミア半島のコサック人が前世紀(一九世紀)の初頭において生きていたのは、なおこうした状態においてであった。これらは共和国と呼ばれているが、このいわゆる共和国はそもそも古来の王国が破壊され、孤絶して、山岳地帯に避難したその生き残りである。したがって、一般に中央権力の起源は民主制にあるのではない。そうした中央権力を練り上げたのは、ギリシア人の都市国家だけであった。そして、それを模倣したラテン人の都市国家だけであった。そうであるがゆえに、これらの都市国家は国民《ナシオン》となったのであり、本論がまさしく記述し、その機能を見ようとしているタイプの社会生活を形成するようになったのである。

わたしは国民《ナシオン》ということばを次のように解する。物質的にも精神的にも統合された社会であり、安定した恒常的な中央権力を備え、境界が規定され、住民が国家およびその法に自覚的に参与しつつ、倫理的、心的、文化的に相対的な統一性を有するような社会である、と。

第一に、国民《ナシオン》という名称を以上のように定義するなら、この名称は歴史上知られている社会でもごく少数の社会にしか適用することができない。さらに、そのなかの一定数の社会については、近年になってからしか適用することができない。現在生存している人間社会は、そのすべてが同じ性質をもち、進化のなかで同じ位置にいるわけではない。それらをみな同等なものと考えるのは、それらのうちで文明と法意識がより十全に発展している社会に対して不公正を犯すことになる。

この世界には、いまだにいかなる意味においても国民という名前に値することのない社会と国家がじつに多数存在している。インド、中国、日本をのぞく（おそらくは）、アジアのすべての社会がそうである。インド、中国、日本は移行の段階は異なるながら、現在国家を形成する途上にあるから。アフリカの原住民社会はすべてそうであるし、オセアニアの原住民社会もそうであって、国民としては、あるいは国家としてさえも見なすことはできない。一八世紀と一九世紀に、哀れなオーストラリア人や、女王ポマレ（ポマレはポリネシアのタヒチ島に存在した王朝。フランスは一八四七年、女王ポマレ四世と保護協定を締結し、タヒチ王国を保護領化した）や、コンゴ川やザンベジ川流域の首長たちに対して、キリスト教諸社会の法や国旗や保護領政策が奇異なかたちで、しかもきちんと定まらないかたちで使用されたのは、馬鹿げたフィクションによるものであった（保護領は保護される側に国家もしくはそれに類する一定の統治機構が存在していることを前提としている。保護領政策を適用することにより、保護される側が国家の体をなしていると前提することがフィクションであったということ）。そのフィクションによって、気の毒にも植民地化された人々や、植民地化しようと競合する人々を欺こうとしたのである。中央アメリカと南アメリカの諸社会は、混血の度合いに多少の違いがあり、人民《プブル》と国民《ナシオン》のヒエラルキーにおいてじつにバラバラな階梯に配置されることになる。一方にはヨーロッパ型の国家があり、すでに年若い国民を形成している。これらはいまだに人口規模は小さいが（小ささには多少の差がある）、支配する国土の広大さの点ではすでに大きい。ブラジル、アルゼンチン、チリがそうである。他方には混成的で後進的な社会があり、ヨーロッパ人の数はあまりに少なく、混血・黒人・インディアンの数はあまりに多く、しかも多様な人種《ラース》が多様なかたちで混血した人々にあふれている。これらの人々が独立を保っていられるのは、大規模な国家がこの人々に無関心であるからか、あるいはこれらの人々の数が多く、浮動的で、遠隔地にいるため、恒常的に介入することが不可能であるからである。このことは、今世紀と前世紀にメキシコやベネズエラについて何度となく確認されている。パナマにしろポルトリコ（プエルトリコの旧称）にしろ、大きな軍事的もしくは経済的な利害にもとづいて合衆国がそこに介入するにいたったときには安定した状態を呈したけれども、それによってこれらの国家はたんなる植民地に類似したものとなる。それというのも、ある程度までにおいて、南北アメリカ大陸の全体は北アメリカ人の保護下にあるものと考えなくてはならないからである。モンロー・ドクトリンが事実上（権利上ではない）表明しているのは、このことなのだ（一八二三年のモンロー合衆国大統領の宣言にもとづくモンロー主義は、ラテンアメリカ諸国を含む新世界への欧州諸国の干渉に反対し、新旧両世界の相互不干渉を謳ったもの）。

残るのはヨーロッパである。国民《ナシオン》という社会形態が有する国内公法および国際公法が構成されたのは、まさしくそこにおいてである。ある程度の一貫性をもってこの名前をあてがうに値する国家の数は、じつに大きく変動してきたし、ごく最近の諸事件にいたるまでつねにかぎられた数であった。セルビア人は三つないし四つの部分に分かれている(スロヴェニア、ボスニア、クロアチア、モンテネグロ)。ルーマニア人は三つの公国に分かれている(トランシルヴァニア、バナート、ベッサラビア)。こうしたセルビア人なりルーマニア人なり、などなどが国民になったのは、吸引力の中核部においてのこと(つまり旧来の王国や、公国においてのこと)であるのにすぎない。ブルガリア人はもっと急速に集団化したけれども、彼らが独立するようになったのは、一部の人々については一八七八年からにすぎないし、他の人々については一八八五年からにすぎない。ギリシア人についていえば、前世紀になり、そしてバルカン戦争を経てようやく統一がなされ、イピロス、テッサリア、トラキアにまで広がった。マケドニアにまで広がることもありえたであろう。もっと北にゆくと、ウクライナ人はかつて国民であったためしがない。折に触れてかろうじて社会であり、国家であったにすぎない。ポーランド人は四百年以上ものあいだほとんど独立した地位をもってこなかったし、その国境線はつねに異常なままでの可変性をともなっていた。スロヴァキア人は小ロシア人(ウクライナ人の旧称)と同じで、農民たちの一大集合であり、前世紀までは統一体となることを稀にしか望んでいなかった。チェコ人は堅固さにおいてもう少し勝っている。チェコ人は中世に輝かしい王国を築き上げ、三十年戦争（一六一八―四八年）まではじっさいに独立を保持していた。ハンガリー人も同様である。もっともトルコとドイツに貢租を払っていたが。リトアニア人ならびにきわめて古代からの他の諸民族、広大なヨーロッパ古代ロシアのフィン系の全民族は、長い年月にわたって従属的な状態に置かれていたか、もしくは未開の独立状態にあった。フィンランドは一九世紀までスウェーデンの植民地であった。フィンランドは結局のところ、一九〇五年革命が起こり、最初の普通選挙がおこなわれるまでは、ツァーリの支配下で植民地にとどまっていた。ロシア人の膨大な集塊《マス》についていえば、彼らは結局長らくのあいだ、モスコヴィア（一七世紀までモスクワ大公国を指した名称）においてしか真の国家を形成しなかった。そしてピョートル大帝（ロシア皇帝。在位一六八二―一七二五年）以後になって、ようやく君主制としての政体と精神をもつようになり、国境も大ロシア文明と大ロシア人種《ラース》の境界域にまで拡大したのにすぎない（「大ロシア」は、「小ロシア」とされるウクライナ、「白ロシア」とされるベラルーシとの対比で、狭義のロシアを指した名称）。アルバニア人はつねにきわめて未開の文明段階にあり、インド＝ヨーロッパ系の人々が歴史に登場したときよりもさらに未開の段階にあることが確かである。したがって、スラヴとギリシアの地である東ヨーロッパ、もしくは混淆の地である東ヨーロッパは、全体的に見て年若い国民が居住しているか、不完全な国民が居住しているか、あるいは国民でなく、それより劣る形態の諸社会が居住しているか、そのいずれかなのである。

西ヨーロッパは、これとは逆に国民《ナシオン》の帝国である。西ヨーロッパにおいては、ローマ法を継承した国民のすべてが、ローマ市民であるとはどういうことかの記憶を保持してきた。一二世紀におけるローマ法の再生《ルネサンス》（ゲルマン人やアングロサクソン人の国々においてさえ）は、この歩みにおける決定的な一歩であった。他方では、ゲルマン人やフランク人やアングロサクソン人を集団化したそれぞれ大規模な社会集団があって、このときまでにすでに変化を遂げていた。ゲルマン法による裁き（Mal）が、とりわけスカンジナヴィアの地において、すでに一定の大きさに達した社会の政治生活にかかわる一形態であったということは確実である。

現代ヨーロッパの国民は、現代のフランス法が丸ごとそうであるのと同じで、ゲルマン的要素とローマ的要素とが混淆したものを起点とし、それが変化して生みだされたものである。スラヴ系の諸国民も、結局のところこれらを模倣してつくられたのだ。公法の本質的な部分はローマ、英国、フランスによって提供された。次いで三つの革命、すなわち、英国革命、合衆国革命、フランス革命によって提供された。けれども、すでに一六世紀から同じように構成されていた小規模な国民があって、それらによって多くの要素が形成されてもきた。国民の法にかかわる最初の理論家がオランダ人グロティウスであったのも、偶然ではないのである。

　こうした国民は比較的容易に歴史上に配列することができる。以下に列挙するのが、かつて存在した国民である。あるいは消失した国民である。あるいは一九一四年現在で国民として存続している国民である。ローマは六世紀に消失した。フランスとイングランドはおよそ一一世紀に建設された。スイス、オランダ、スカンジナヴィア諸王国は一三世紀および一四世紀に、カスティリャとアラゴンは一四世紀に。ハンガリーとボヘミアは同じころに統一されるが、ハンガリーは三十年戦争の初期に、ボヘミアはマリア・テレジアの治世下で（ハプスブルク家の君主マリア・テレジアのボヘミア女王としての在位は一七四三―八〇年）、それぞれ消失した。ポーランドは一五世紀に建設され、一八世紀に消失した。ロシアは一七世紀と一八世紀にピョートル大帝のもとでモスコヴィアから拡大し、ロシア人の集合を包含するまでになった。一八世紀には合衆国が、一九世紀にはベルギー、ギリシア、イタリアが建った。次いで、ベルリン会議においてセルビア、ブルガリア、ルーマニアといった諸単位の小さな核が形成された。[*5]これらの単位は、バルカン戦争と世界大戦によってようやく国民として構成されたのである。その一方で、南アメリカおよび中央アメリカのポルトガル植民地・

スペイン植民地が相次いで解放されたことにより、これらが国家として設立されたが、それらの国家は民主的な形態をとっていたことにより、また公法の基盤が備わっていたことにより、そもそもの起源からいずれも国民としての組織化を志向していた。ただし、そのなかのごく少数、すなわちアルゼンチンとチリとブラジルのみが専制政治と寡頭政治と国家の未開の形態の段階を乗り越えることができた。さらにその一方、日本では国民が構成された。政治生活の新しい形態が構成された。わたしはこの新形態に名前を与えたいのだが、あまりに知られていないため、そうすることをためらわざるをえない。じっさいのところ明らかなのは、日本がきわめて急速に、たった六〇年のうちに、国民観念の影響下で変化を遂げたことである。その国民観念はペリー提督の遠征によって目覚めたものであるけれども、いまだに宗教的な帝国としての、そしてまた封建的な組織としてのこの上なく未開な諸特徴をあますところなく保持したものでもある。にもかかわらず、知られているかぎりでもっとも顕著な統合の一事例ともなっているのである。中国は、満州族王朝（清朝のこと）に対する革命以来、無政府的状態によって共和国が分断されたように見えるにもかかわらず、きわめて急速に変化する途上にある。大規模な人々の集塊《マス》がいくつもあり、それらは強力で生産力に富み、古くからの文明と洗練された言語・文学をもっていて、急速に豊かになりつつある。これらの人々はおそらく、みずからに固有で独自の諸制度をつくりだすことであろう。ただし、それがどんなものかを予想したり、ヨーロッパに特殊で典型的な社会タイプの系譜のなかにそれを位置づけようとしたりするのは、軽率のそしりを免れないであろう。

以上のように示したところで、では、これらの社会の主要な特徴とはどんなものなのだろうか。多少の差はあれ完成された社会タイプに属するこれらの社会の主要な特徴とは。それらがどのようなヒエラルキーにあり、どのように分類されるかについては、のちに立ち返りたい。

まず、社会のある種の統合がなければ、国民《ナシオン》は存在しえない。いいかえるなら、クランへの分節化だとか、都市国家への、部族への、王国への、封土への分節化だとか、およそあらゆる分節化を廃止するのでなくては、国民は存在しえないのである。フランス王国にせよイングランド王国にせよ、封建制と併存しえたが、にもかかわらず知られているように、分断のせいで、とりわけ王権相続にかかわる分断のせいで、これらは何度となく危機に瀕した。それとは反対に、フランスの国民やイングランドの国民は、国王がいてもいなくても、そうした無政府状態が（国王がいなかった場合）、そうした統治権が（国王がいた場合）、ないものであるかのようにふるまった。カヴェニャック（一九世紀フランスの共和派軍人）を読んでみれば、同じようにプロイセンの王たちの注目すべき歴史が分かる。プロイセン王たちが自分たち自身とプロイセンの人民《ププル》のために貴族たちと闘い、貴族たちを軍事的・官僚的な階級制度のなかに囲い込むことで勝利をおさめた注目すべき歴史が。自然に完成を遂げたタイプの国民においては、こうした統合は非常に確固としたものなので、いうなれば集合体としての国民《ナシオン》と個別の市民《シトワイヤン》とのあいだに媒介物が存在しない。およそあらゆる種類の下位集団はいうなれば消失してしまっている。社会における個人の絶対的な力と、個人に対する社会の絶対的な力とが、抑制されることも歯車に媒介されることもなしに行使され、何か中庸を逸脱したものがある。だからこそ、下位集団の再構築が問題として提起されるのである。クランや至上権を有した地方行政府とは異なる形態のもとでではあるが、しかしいずれにせよ何らかの内的区分の問題が提起されるのである。

　こうした社会が統合されているのは、明瞭に確定された境界の内部でのことである。内部には独立した国境地帯も飛び地もなく、外国の影響下にある地帯も存在しない。こうした社会は国民の中心にかんすることであれば、そのすべてに敏感である。とりわけて敏感であるとさえいえる。けれども、中央についてと同様に、最果ての辺境についても敏感であって、それをあらわしているのが国旗掲揚権であり、軍艦の治外法権であり、中世ならびに近代初期における国際法がつくりだしたあらゆるものごとなのである。社会が一部を切除されたり、分割されたり、分断されたり、境界地帯を支配されたり侵犯されたりしても、されるがままで意に介さないような鈍感さは、まったくもちあわせていない。こうした社会は拡張することを望んでさえいない。これに先立つ国家の諸形態を代表している階級だけが、人々を帝国主義と呼ばれているもの——一般にそういわれているのとわたしの語法とが一致するので、ここではこの言い方を用いる——へと駆り立てようとするのである。大きな民主政体や国家はつねに平和主義的であったのだ。ヴェルサイユ条約(第一次世界大戦を終結するため、一九一九年六月に連合国とドイツとのあいだで調印された講和条約)でさえ、みずからの国境線のうちにとどまっていようという意思を表明しているのである。これに反して、他の人民を征服し、暴力で支配したいという渇望は、現今にあっては年若く、基盤が不安定で、国民としての生に踏みだそうとしている社会がおしなべてもっているものである。こうした社会は戦争から生まれており、ゲルマンに起源をもつ王朝であるとか、近年になっての伝統であるとか(そうした伝統にしても、オーストリアなりロシアなりの〈警察国家〉の伝統を依然として引きずったものであるが)によって、ロシアとオーストリアにかつて破滅をもたらした道へと誘い込まれている。列強を見てさえ、そのなかでもっとも年若い国民であるイタリアは、同時にまたもっとも帝国主義的であるし、逆に過去の君主制の痕跡をまったくとどめていない国民、すなわち合衆国は、同時にまたもっとも帝国主義的でない。独立という観念は祖国という観念によって顕在化する。そして、それにはその結果としての事象がともなう。国旗に対する崇拝、あがないようのない土地という観念、国境を軍事的に確保しようとする気遣い、敗北した場合の報復感情、およそあらゆる内政干渉・主権侵害・外交上の策謀・軍事的脅威への抵抗がそれである。ここで事実を述べ立てるにはおよばない。戦争にまつわる事実、とりわけセルビアとフランスで起こったことがらを、ここで分析するにはおよばない。ロシアの努力が失敗した理由の一つは、これとは逆に、こうした考え方がロシアの膨大な民衆を突き動かす原動力となっていなかったことである。ロシア民衆は帝政による蛮行のせいで教養がないままに留め置かれていたため、ケレンスキーもこれに火をつけて煽ることはできなかった。[*6]「自由を。さもなくば死を」。国民公会（フランス革命下の一七九二—九五年に開かれ、王政を廃して第一共和政に移行）の議員たちはいったものである。このことばは、当時も今も無意味なことばではない。じっさいこの原理によってこそ、ロシアの蛮行に対して（およそあらゆる人種《ラース》、あらゆる宗教のあらゆるドイツ人にとってロシアの蛮行と見えたものに対して)、ドイツの国力は何よりもまず立ち上がり、抵抗へと駆り立てられたのであった。

第二のあらわれは経済的なあらわれである。これにも同じような重要性があるものと考えなくてはならない。今次の和平にいたるまで、そして現在でもなお、人間の経済的な単位として知られるかぎりもっとも広いもの、それは国民である。ドイツ語のフォルクスヴィルトシャフト(*Volkswirtschaft*)(国民経済)ということばは、ヨーロッパの大きな国民の経済生活の形態を指し示すものであり、フランスで用いられる〈社会経済〉とか〈政治経済〉などということばよりもはるかに明瞭である。フランスでは政治科学なり社会科学なりといわれるものがそもそもドイツほどには発達していないのだから。経済生活がナショナルな形態をとるようになったのは最近の現象である。この現象はフランスではすでに一六世紀に称賛すべきボダンが予感しはじめていた。だが、フランスでようやくそれが現実となったのは、チュルゴーが国内関税を撤廃したときになってであった(チュルゴーは一八世紀フランスの経済学者・政治家。一七七四年に財務総監として国内関税を廃止し、穀物の国内流通を自由化した。パリのギルドを廃止するなど、商工業の自由化にも努めた)(知られているとおり、フランスは古来の都市経済の残存物、すなわち入市税がいまだに存続している最後の国である）（入市税は物品の入市のさいに徴収された間接税で、フランスでこれが廃止されたのは一九四八年）。イギリス、とりわけスコットランドは、こうした動向においてフランスに先んじていた。そして、おそらくはそのためにこそ、アダム・スミスの諸々の教説があらわれたのである。同じように、ドイツが統一体となったのは、宗教改革がはるか時代を下って政治的な効果を果たしたからというだけではない。ドイツの統一をかたちづくったのは、ドイツ諸邦の経済的な発展なのである。ドイツ国民という観念は、すでに一八一三年にフィヒテの思惟のなかで明確化していたのだが（ナポレオン占領下のベルリンでフィヒテがおこなった講演「ドイツ国民に告ぐ」への言及と思われるが、この講演がおこなわれたのは一八〇七―〇八年で、出版は一八〇八年）、そのわずかのちにフォン・リストとともに〈ナショナルな経済〉（National Ökonomie）という観念が出現したのは偶然ではない（ここで言及されている「フォン・リスト」について、原文の綴りは von Lizt であるが、文脈からドイツの経済学者、フリードリヒ・リスト[Friedrich List]のことと解する。ドイツの国民生産力を理論化するとともに保護関税論を展開し、関税同盟の結成とドイツ統一に貢献した。主著『経済学の国民的体系』）。さらにまた、ドイツ統一がツォルフェアアイン（*Zollverein*）（関税同盟）にはじまるのもやはり偶然ではない。ここではすべてが一致している。じっさい、公法の発展は社会の経済状態によって決まる。逆もまたそうである。さまざまな国民が形成されてきた過程というのは、経済的な過程であり、かつまた倫理的・法的な過程でもあった。フランスやドイツの大衆が経済的統一性を我がものとするためには、国民という観念が彼らのうちにあらわれていることが必須であった。それと対応して、都市や小国家や地方領などの閉鎖的な経済のなかで既得化していた利害関心を制するためには、経済的統一性が物質的に不可避とならなくてはならなかった。ここに要約されているのは近代史であるだけではない。人類の一般経済史でもあるのだ。依然としてビュッヒャー（ドイツの経済学者・経済史学者）のすぐれた本を読まなくてはならない。すでに古い研究であるし、多くの留保をつけることができるものではあるが、経済生活の一般的な形態がいかなる機能をもち、いかに継起してきたのかについて、これほどよく書かれたものはない。ビュッヒャーは、経済生活の一般的形態を三つの段階に分類している。閉鎖経済の段階（クラン経済および家族経済の段階）、都市経済の段階、そしてナショナルな経済の段階である。じっさい、人間が自分たちの家族と村落のためにしかほとんど生産に従事しない時代があった。この経済形態はいまだに広く一般化している（ここでの行論に反するように、モースは「贈与論」第三章の脚注において、ビュッヒャーの閉鎖的家内経済論を批判し、家族は外部との財の交換に開かれており、家族が年から年中閉鎖的に暮らしていた時代などあったためしはないと論じている）。都市の形成と増加、ならびに本来的な意味での貨幣の発明に由来し、人間が商取引を営んだ次の時代があった。人間の生産力は増したが、都市国家やら小国家やら、相変わらず小さな集団のための生産であった。そして最後に、広範な交換システムが都市間・農村間に成立し、国民をまたいだ商業と生産がはじまった。人民はますます数を増やし、密度を増していたけれども、これによって人民の需要も手段も変化したのだった。のちに見るとおり、経済的な諸現象がこのように国民に定位《ナショナリザシオン》される事態は、いまだプロセスとして完了するまでにいたっていない。けれども、当面のところ、世界大戦の前後のヨーロッパを（そして北アメリカを）見てみよう。

ヨーロッパは相互に相対的に独立した諸国家によって構成されていた――今でもやはりそうである――。保護貿易主義、国の通貨、国債や為替相場によって示されていたのは、自足したいという意思であり、自足するための力である。同時に次のような観念（通貨に内在的な観念なのであるが）も示されている。一国家の市民の総体は一つの統一体をなすという観念がそれだ。その統一体のなかにあって、人々は国民の経済的信用に信仰をいだいてさえいる。他の国々も、それらがこの統一のあり方に信頼を寄せる、そのかぎりにおいて、この経済的信用にも信頼を寄せる。ナショナリズムと保護貿易主義とが同時にあらわれるということ、国民経済は閉じていなくてはならないと考えられているということ、これは正常な現象の一つのあらわれである。確かに病的ではあろうが、正常な現象が間違いなく頻繁にとるかたちであり、きわめて当然のかたちであって、正常な現象がたんに大仰なあらわれをしているのにすぎない。当然のことながら、それによって一つの国民の成員は、階級の区別も出自の区別もなく、経済的に統一化されるのである。そればかりかのちに見るとおり、もっとも先進的な経済的な間国民主義《アンテルナショナリスム》であってさえ、それが有するものの見方は、結局のところすべてこの国民の統一性を前提としており、また国民間の利害関心の競合を前提としているのだ。

このように政治的な統一性が現出した。すなわち、軍事的に統一され、行政的にも法的にも統一されている一方で、経済的にも統一されている状態が現出した。そして何より、こうした統一性をつくりあげ、万人に伝えてゆこうとする一般意思が自覚的、恒常的に存在する状態が現出した。けれど、そもそもこのような統一性にしてからが、一連の重大な現象によってようやく可能となったのにすぎない。そして、それらの諸現象が統一と同時並行的に、あるいは統一に先立って、別の社会現象を統一化していたのである。国民という名に値する国民には、固有の文明がある。固有の審美的・精神的・物質的な文明がある。それにはほとんどつねに固有の言語がある。固有の心性、固有の感受性、固有の道徳性、固有の意思、固有の進歩形態がある。要するに国民を構成する市民一人ひとりは、その国民の導き手となる〈観念〉に全員が参加しているわけなのだ。

奇妙なことであるが、過去二世紀にわたって国民にはさまざまなものができ、その数と力と大きさを顕著に増したにもかかわらず、そのことが文明の画一化にいたることはなく、ある観点から見るなら、むしろ個々の国民と国民以前の民族《ナショナリテ》がますます深刻な個別化を遂げるにいたっている。ヨーロッパの中世および一八世紀までの大学においては、ラテン語が唯一共通の思考の媒介言語であり、そのときは教会が学術技芸の主要な保持者であった。ただ野蛮な民俗風習だけが人民《ププル》を特徴づけており、エリートのほうは人民の違いを超えて一様にキリスト教的な雰囲気のなかで生きていたものであった。今日では逆である。わたしたち西欧の文明が外から影響を受けやすかろうと受けにくかろうと、一つひとつの文明の比重と強度と特質は大きなものとなってきたので、個々の国民の個々の成員は、それぞれが自分のうちにこれらすべてを内面化することさえもはやできず、国民の歴史やら芸術やら政治やら法やら利害やらについては、その主要な要素をかろうじて知っている程度である。中等教育に多大な労力が払われていても、フランス人やドイツ人や、ましてやイギリス人の若いブルジョワ（ビュルガー Bürger（ドイツ語で「都市民、市民」の意）、市民）が「オネットム」（一七世紀後半のフランス語用法で、宮廷人を典型とするような礼儀と節度をわきまえた教養人を指す）に、アネール・カロス・カガトス（ἀνὴρ καλὸς κἀγαθός）（ギリシア語で「すぐれた人、高貴な人」の意）に、ウィル（vir）（ラテン語で「男、正しい人、勇士」の意）に、なることができないのだ。古代ギリシアやローマや一七世紀フランスではもっと容易になることができたのに。ドイツは一八世紀と一九世紀に個別化し、フランスは一四世紀以来、イタリアは一三世紀以来、それぞれ個別化の道に入り、それによっていずれも多少なりとも緩やかに国家の形成へといたった。ドイツはまだ国家としては完成されていないし、イタリアもわずか一年前に完成されたにすぎない。にもかかわらず、以下のことは明白な真実である。これほどまでに長い歴史のなかで、しかも、これほどまでに広大な諸国民において、さまざまな文明がきわめて強大になり、きわめて独特となり、同時にきわめて人間的になってきたということ。そしてその結果、諸文明はよりよく自足することができるようになっていること——なぜなら文明というものは知の本質を全体として包含しており、人類の実践知を包含しているから——。その一方で、その結果また諸文明は、ギリシア文明とローマ文明との相違よりもはるかに大きく違いあうことが可能となっていること。これに次のことを加えよう。経済面でのナショナルな葛藤や、外交面や軍事面での競合関係によって、独立への努力も、統一化への動きも、一つの国民が内向し、個性化する必要性も、果ては国民が国民でないものすべてに対立する必要性さえもが誇張されてあらわれるということである。一九世紀の末期、ドイツ語においてラテン語由来の語彙を駆逐しようと着手された闘いがそうである。ほぼいたるところで見られる文芸ナショナリズムが払っている努力がそうである。文学や音楽におけるロマン主義によって古い民俗に再び当たる脚光がそうである、などなど。これらはこうした精神が極端に誇張されてあらわれているのにすぎないのである。

地域に根差したこのような倫理的で法的な統一性は集合的精神において表現される。それを表現しているのが、一つには祖国《パトリ》という観念であり、もう一つには市民《シトワイヤン》という観念である。祖国観念は、市民が国民とその地に対して有する義務の総体を象徴している。市民観念は、この国民の成員が有する権利(もちろん民事的な権利と政治的な権利である)の総体を、ただし、成員が国民において果たさなくてはならない義務と連動するかぎりでの権利の総体を、象徴している。この二つの観念の分析について長舌は無用である。分析は古代から繰り返しなされてきた。二つの観念の変遷をたどることも、多くの哲学者・弁論家・歴史家によって試みられた。見事な文献が豊富にある。トゥキュディデスに出てくるペリクレスの演説。『クリトン』で、法が擬人化されてふるう熱弁。イソクラテスの『称賛演説』。ローマの『演説集会』の全体。イギリスの偉大な自由主義者たちとロック。それに続いた百科全書派たち。合衆国の、そして立法議会と国民公会の共和主義者たち。ゲルマン意識の覚醒をもたらした人々のすべて、フィヒテやアルント（ドイツの歴史家・愛国詩人）、その他。リソルジメント（イタリア語で「復興」を意味し、イタリア統一運動を指す）の人々。ロシアのデカブリストたち（一八二五年、帝政と農奴制の廃止を目指して武装蜂起した革命家たち）。これらの人々はすべて、これらの観念をことばに移し、行為に移したのだった。その観念とは、都市国家が生まれて以来、そして〈都市国家〉から〈国民〉へと権利を拡大させるという考えが日の目を見て以来、人類の基底として、そして人類の規範として働いている観念なのである。

　重要でありながら、それほど知られていないことがらを強調しておくのがよい。二つの観念――祖国と市民――の相関性である。すでに古代の都市国家において、しかも民主的ではない都市国家においてさえ、市民なくして都市国家はないということが認められていた。ローマは祖国愛《パトリオティスム》の地であった一方で、すでに市民精神《シヴィスム》の地でもあったし、市民の諸権利の確立の地でもあった。「我はローマ市民なり！」(*Civis Romanus sum !*)（この表現はキケロが弁論で用いて以来、ローマ市民の法的権利を象徴する成句となった）というわけである。しかしながら、市民がもはや都市国家にとっての市民ではなく、国民にとっての市民であるということ、そしてまた、国民が存在するのは、市民が議会への代表をとおして国家の行政に参加するかぎりにおいてであるということ、こうしたドクトリンを基礎づける役を割り当てられたのは、中世末期のヨーロッパの諸国家である。このドクトリンは、クロムウェル以降のイギリスにおいては他のドクトリンを補完する役割をもったもので、実践にかかわる、あるいは理念にかかわるドクトリンであった。そうしたドクトリンを政治生活上の根本ドクトリンとし、他を寄せつけないドクトリンとしての威厳をもたせたのは、西欧世界で形成された最初の二つの大きな共和政体、すなわち合衆国の共和政体と革命期フランスのそれとであった。――それというのも、祖国と市民という二つの観念は、結局のところ単一にして同一の制度にほかならないからである。単一にして同一の実践的倫理規範・理念的倫理規範にほかならないからである。じっさいそれらは、決定的に重要な単一にして同一の事象である。それによって近代的な共和政体には、他に比類のない独自性と新奇性、そして倫理的威厳とが備わることになる。近代共和制は意識的なもの、自覚的なものとなった。個人は――およそあらゆる個人は――政治生活のなかに生まれ落ちる。市民は諸法の彫琢に参加し、宗教・科学・美術の進歩に参加する。市民はもはや王のためにいやいや徴兵されているのではない。みずから志願して共和国の、自由な国の兵になるのであり、すなわち軍人になるのである。そして、社会はその全体がある意味で国家と化した。主権を有する政治体と化した。それが市民の総体にほかならない。それこそが〈国民《ナシオン》〉と呼ばれるものなのだ。イギリス人は、マグナ・カルタがこの〈国民〉というものをつくりだしたと考えている（一二一五年、イングランド王の圧政に対して貴族・僧侶およびこれを支持する市民が一致して反抗し、王に要求書を認めさせた。これをもとにマグナ・カルタ［大憲章］が成立。イギリス立憲政治の出発点とされる文書）。それがじっさいにつくられたのは、合衆国において一七七七年、リッチモンド会議によってであった（一七七七年、アメリカ独立戦争における一三植民地の同盟を定めた連合規約が採択され、連合の名称を「アメリカ合衆国」に定めた）。そしてまた、連盟祭がおこなわれた日、シャン＝ド＝マルス（パリ西部、陸軍士官学校とセーヌ川に挟まれた広場）においてであった。こうした類の契約儀礼は〈社会契約〉の諸理論に範をとったものであるが、〈国民〉というのはあるコンセンサスによって鼓舞された市民たちであるという考えをみずから進んで表明するものである。これら〈一般契約〉の諸理論はといえば、諸法やイギリスなりスイスなりフランスなりの理論の基盤にあるものであって、契約というものの価値を表明するもの、一般意思というドクトリン、および法の起源にあるものとしての人民というドクトリンを表明するものであるが、これら〈一般契約〉の諸理論のほうは逆に、事実としてある状態を哲学的に翻案して示すものでしかない。哲学者たちは、本来あったものとして、そして望ましいものとして構想されたある状態を、過去に未来に投影して一般化してきたのであった。だが、じっさいにはホッブズもロックも急進派たちも、それにモンテスキューも、そうした状態が現実の事例として作用しているのをイギリスに見ていたのであるし、ルソーはそうした状態の範例をジュネーヴから移入していたのである。国民という中心観念《イデ゠フォルス》は祖国愛と市民にかかわることばのうちに、形而上学的で法的なことばのうちに、具現化したのであった。だが、それはまた、人民を議会に代表させるというシステムを用いることにより主権と指揮権を分有する人々の範囲を拡大させ、人民がそれに参加できるようにしてきた諸世代が、みずから進んでなしとげたことであったのである。

アンシャン・レジームがまったく知らずにきた考え方、すなわち個人はみずからの祖国にしか奉仕しえないという考え方に、こうして到達したのである。公衆道徳は、ロシアのような無定型な国々においてさえ、公人が外国人と、それが同盟国の外国人であっても、外国人と取り結ぶ関係についてきわめて敏感になった。すべてのことがらが、近代的な国民にあっては、その成員を個別化しつつ画一化している。国民は未開社会のクランさながらに同質的であり、平等な市民たちからなっていると想定されている。国民は未開のクランがトーテムを有していたのと同じく、国旗によって象徴される。国民は、クランが半神半獣の祖先に対するカルトを有していたのと同じく、みずからのカルトの対象を、すなわち〈祖国《パトリ》〉を有している。国民は未開の部族と同じく、みずからの地方語をもっており、それを国語の地位にまで引き上げている。国民は、国際法に対立するものとして国内法を有している。クランさながら、ヴェンデッタ（イタリア語で復讐の意）を模するものとして、国民は贖罪を要求する。フランスがマンハイム伍長の殺害に対する贖罪を要求したとおりに（一九一九年にフランスの下士官マンハイムがベルリンで殺害され、フランスはドイツに抗議した）。みずからの法廷に外国人が出廷するとき、国民は訴訟費用支払保証人（外国人がフランス人を告訴するとき、その外国人に要求される。一九七二年に廃止）を要求する。国民は独自の通貨をもち、独自の為替制度をもち、独自の信用《クレディ》をもつ。国民は独自の税関をもち、独自の国境をもち、独自の植民地をもつ。国民は一般に、それらを自分だけが利用できるものと主張しており、現にそれらを支配しているのは国民だけである。個別化は、二種類の現象において際立つにいたる。それらは、そもそも個別化とは両立しえないとも思われるような現象である。すなわち、心性《マンタリテ》においてと、人種《ラース》においてと、である。知性的生の高次の形態においてと、生物学的生の深部の形態においてと、である。言語に豊かな伝承が備わり、豊かな比喩表現が備わり、豊かな繊細さが備わり、豊かな構文法が複雑に備わっている。文学に富み、ずっと昔から継続して多様に展開している。何世紀にもわたって読み書きがなされ、教育がなされ、とくにここ五〇年来は日刊の紙誌が普及している。それにより、古代の、および近代のきわめて高等な諸文明がかつてない規模で一般化したという考え（原文のこの箇所は文として完結しておらず、文脈上も理解が困難）。その結果として、フランス人の歩き方とイギリス人の歩き方とは、以前ほど似通ってはいない。アルゴンキン人の歩き方とカリフォルニア・インディアンの歩き方とは、以前ほど似通ってはいない。同じくまた、イタリア人の思考方法・感じ方とスペイン人のそれとは、はるかに異なるようになっている——二人とも同じ一つの文明に出自をもつにもかかわらず。それと比べると、民衆の道徳意識や想像力はそれほど隔たりあってはいない。むしろ、世界大的なその並外れた一様性は、未開人類の心性の単一性をあらわしているのである。

　国民形成におけるこのような個別化は、じっさいのところ重要な社会学的現象である。にもかかわらず、人々はその新奇性を通常は十分に感取していない。社会学は全体としていまだにそうした謬見の弊害に苦しんでいるとさえいえるほどである。対立しあうものを弁証法的に捉えるさいの誤りというのは、科学の歴史にあまたあるけれども、そうした誤りによって次の二つの捉え方のあいだで堂々巡りをすることになったからである。一方では、あらゆる社会を近代的な国民という側面から捉える捉え方。もっとも未開な社会でさえもそのように捉える捉え方。これによって、あらゆる社会はじっさいにそうである以上に個別化されたものとして捉えられてしまった。他方では、すべての社会の歴史を単一のものと考え、終局的には単一の文明の歴史に還元されるものとする捉え方。

これによって、さまざまな個別者の個別性に意義を見いだすことがなおざりにされたのである。とくに、ナショナルな個別性に。とくに、近代における個別性に。

現代社会にいたるまでは、広範囲におよぶ集合体のどれ一つとして、それが特定の一社会を特徴づけるということはなかった。そうした集合体の境界線は、たとえばそれが言語の境界線であったり法の境界線であったりする場合でさえ、その言語や法を用いる部族や国家の境界線と必ずしも一致してはいなかった。一つの人民《プブル》は独自の制度と結びついているとする信仰があるけれども、こうした広範囲におよぶ集合体が現にそうした信念の対象となっていることは稀にしかなかったのである。ギリシア語もラテン語も、それを用いる人民たちにとって、こうしたカルトの対象となっていたわけではない。ところが、フランス語は一七世紀以来、そしてアカデミー以来(アカデミー・フランセーズは一六三五年にリシュリューが創設した学術団体で、フランス語の保存と純化を目的とする)、ドイツ語はレッシングとフィヒテ以来、そしてイタリア語はダンテ以来、こうしたカルトの対象となっている。こうした表徴はある一社会の境界を時間的に、また空間的に規定するのには十分でありえないと確認したわけであるが、近代的な国民においては逆に、こうしたすべての表徴が、あるいはそのうちのいくつかのものが、このような根拠のない偏愛の対象となりうるのである。とりわけ統一化された国民においてそうである。もっと未開の形態にあっては、法と宗教の法的要素だけがこうした偏愛を生起させるものであったのに。

近代的な国民はみずからの人種《ラース》を信仰している。じつに過《あやま》てる信仰である。とりわけヨーロッパにおいては。ヨーロッパでは知られているかぎりのあらゆる人々は、おそらくはノルド人と少数のスラヴ人を別として、明らかに最近になって交雑が頻繁に繰り返されたことの結果だからである。しかし、そうはいっても、ドイツ人はドイツ人種なるものが存在すると、とりわけロマン派以降のドイツ人は想像している。フィヒテは、荒唐無稽で思弁的な言語学を大々的に活用しつつ、ドイツ人だけがヨーロッパの原種族(*Urstamm*)であることを証明しようと、多大な骨折りをなしたのであった。スコットランド人は自分たちが純粋であることを信仰している。バックル(イギリスの歴史家。『イギリス文明史』で著名)ならわたしたちにそのことを納得させてくれることだろう。そもそもそんなことが可能であればの話だが。アイルランド人はみずからの純粋さを信じ込んでいる。そこから、「民族誌学的」と称されるさまざまな観念の用法が生まれる。こうした概念の使用は歴史学においては疑念の余地のあるものであり、外交の場でのやりとりにおいてはなおのこと問題含みである。多数のスラヴ人は脱国民化《デナシヨナリゼ》された――人々は彼らの子孫たちがスラヴ人であると主張しており、現代ではある種のボヘミア人の集団がみずからをヴェンド人（八―九世紀頃、ドイツの北部・東部に移住したスラヴ人。ゲルマン人の近隣やその領域に居住するスラヴ人）であると、そしてまたラウジッツ人（ラウジッツはドイツ東部の歴史的地域名。ソルブ人系スラヴ人が居住していたところを、九二九年にザクセン王朝のハインリヒ一世に征服された）であると主張している。ところが、ヴェンド人もラウジッツ人も正統なドイツ人となった人々なのである。汎ゲルマン主義（ゲルマン人〔ドイツ人〕の統合と勢力拡大を図る政治思想・運動・政策。一八九〇年代、ドイツ皇帝ヴィルヘルム二世の膨張主義の背景となった）は、ドイツ人の入植地があるところであればどこであれ（外国の地にあってさえ）、ドイツ国旗とまではゆかなくとも、少なくともドイツの権利が保障されているのを見たがったものである。人種《ラース》は、多くの人々の心に国民であるという感覚《ナショナリテ》をつくりだす。たとえば、シオニストのユダヤ人がそうである。多数のユダヤ人はそれぞれの地に完全に適応しているにもかかわらず、シオニストのユダヤ人は彼らがみずからのナシオンに帰属するものであると主張しているのである。

これらはパラドクスであり、過《あやま》てる推論であり、政治的な思惑に導かれた詭弁である。けれども、そうしたパラドクスも推論も詭弁も、すべてそれらが指し示すある根本的な事実によって生みだされているのだ。近代的な国民のただなかにおいて、新しい人種が形成されているという事実がそれである。移住や移動が容易になったこと。ありとあらゆる出自をもった人々が出会う場としての都市部の大センターが存在すること。新しい生活形態が生まれていること。たとえば、平和期の最後の数年のような兵舎での生活。あるいは、キャリアを踏むにしたがって国中を異動して回る官吏の生活形態。こうしたことによって、古くからの住民の層(その多くは依然としてもともとの地にとどまっていた)が混ざりあうという現象が実現しはじめたのである。骨格上ではないにしても、生理学的に、筋構造的に目立ったさまざまなタイプが形成されたのである。

他方で、近年の移住によって生みだされた国民がある。そこでは、ありとあらゆる種類の民族的な要素が溶けあっており、現実に新しい人種を創始している。わたしが一緒に過ごす栄誉を得たオーストラリア人がそうである(第一次世界大戦への従軍時に、モースはオーストラリア師団で通訳をつとめている)。彼らはみずからのうちに、イングランド人、スコットランド人、アイルランド人の身体的・精神的特質を混ぜあわせている。これらの人々はもともとの故地においてはバラバラであるのに、彼の地(オーストラリア)では一つになっているのである。このプロセスはきわめて重大であるため、それについては誇張された理論が提起された。そして、人類社会学のデータに対する反動から、もっともすぐれた民族学者の一人であるボアズ氏は、たとえ交雑がなくとも、生活と食の様式が人種を変更しうるということが証明可能であると考えた。豊富な統計資料から、ボアズ氏は一世代のうちに、純粋な人種のイタリア人なりユダヤ人なりがニューヨークに移住すれば、アメリカ人種の本質的な諸特徴を獲得するであろうということが証明可能であると考えたのである。批判的考証に供された数値がじっさいに証していているのは、貧困層の親から生まれた子孫たちが改良されているということだけである。けれども、これだけでもすでにして事実である。並外れた進歩(ますます拡大を遂げるさまざまな層における豊かさがつくりだす進歩)に付随した数多くの混淆が、戦前期――今ではこの時代をもっと肯定的に評価することができるが――において、人類の新しいタイプ、それまでよりもたくましくてすぐれたタイプを創造しつつあった。結局のところ、国民が人種をつくりだすからこそ、人種が国民をつくりだすと信じられたのである。これは、それまで王たちという神聖な人種だけのものであった信仰、貴族たちという祝別された人種だけのものであった信仰、みずからの純血を保たねばならず、純血を保つために血族婚をするまでにいたったカーストだけのものであった信仰、こうした信仰がたんに人民の全体にまで拡大したものにすぎない。フランス人やドイツ人のうちで最新の人がみずからの国民を誇りに思っているからこそ、彼はみずからの人種を誇りに思うようになったのだ。

次に、国民はみずからの言語を信仰している。国民はみずからの言語に活気を与えるよりも、それ以上にみずからの言語を保存することに力を尽くしている。新たなことばや新たな表現でそれを豊かにするよりも、それ以上にその使用域を拡大することに、人為的な仕方であっても拡大することに、力を尽くしている。それを完璧なものにするよりも、それ以上にそれを固定させることに力を尽くしている。みずからの言語を保守するという志向、みずからの言語を広めることへの志向、みずからの言語を熱烈に信奉するという志向、これらはきわめて新奇な事象である。それが表現しているのは、近代的な国民言語の深層におよぶ個別化である。ひいてはさらに、それを話す国民の個別化である。アカデミー・フランセーズや、それを近年になって模してつくられたブリティッシュ・アカデミーや――国家自身が正書法の問題に介入するのだ。しかも、何というペダンティックな姿勢と慎重さをもってか！――、ゲルマン・モデルなり汎スラヴ・モデルなりを手本にしたアリアンス・フランセーズ（フランス語を世界的に普及させるため、一八八三年に創設されたフランス政府公認の非営利団体）や、それに類する他のいかに多くの重要な事象が、言語の歴史においてまったくもって新奇な事象であることか。民衆言語の歴史において、というのは分かりきったことだ。なぜなら、純粋主義というのは文字とともに生まれたものだから。古代回帰というのは最初期の伝承とともに生まれたものだから。ことばと表現にかんする迷信は言語の起源そのものと生まれを同じくしているのであるから。

けれども、風変わりで、古拙で、あるいは純化された言語に付与されたこのような優越性は、エリートの畏敬の対象でしかなかった。脇に置かれた人民は、そんなことには無関心であった。ギリシアでは教育が行き渡っていたので例外であったが、それを別とすれば、人民は文明の照り返しにしか参加しておらず、何を話していたかといえば、自分たちの地方語であり、非常に豊かな生活技術にかかわる語彙であり、非常に貧弱な社会倫理にかかわる語彙であり、非常に単純な自己像であったからである。ことばが生きていたのはそうした場においてであった。けれども、ことばはそこで自然の生を生きていた。輪郭《コントゥール》の明晰さも表現の迂遠《デトゥール》さもなしに。洗練もなしに。力と自由をもって。政治的野心ももたず。みずからが優越しているなどという信仰をもつこともなしに、生きていたのである。ところが、教養言語であったものが、国民の形成とともに人民の言語となった。そのとき、その言語を対象とするさまざまな感情が人民の全体にまで拡大したのだった。すぐれた表現がある、卓越したことば遣いがある、言語をよく話す人とそうでない人との区別がある、こうしたことが人民の信仰となったのである。平均的なドイツ人にとっては、およそすべてのドイツ人は上部ザクセン語であるドイツ語を話すはずである（標準ドイツ語は、高地ドイツ語東中部方言のうちのテューリンゲン・オーバーザクセン方言を母体にして近世につくられた）。この言語は、宮廷の言語になり、次に文学の言語になり、次いでルターによって宗教の言語となり、フリードリヒ（一八世紀のプロイセン王フリードリヒ二世。フリードリヒ大王）によって軍隊の言語となり、啓蒙主義（*Aufklärung*）以降は大学の言語となった。フランス語の歴史も同じである。いや、もっと古く、もっとさまざまな事跡に富んでいる。なぜなら、オック諸語（オック語「ラングドック」は中世にバスク地方をのぞくロワール川以南で話されていた地方語の総称）はゲルマン語系の諸々の地方語よりもはるかに輝かしい歴史を有していたから。知られているとおり、印刷術は、いいかえるなら、書字言語を大衆《マス》の目に触れさせる術は、教養言語にこの優越性を付与し、言語を対象とするこの信仰を大衆にまで広めた当のものである。このとき大衆は、この言語を使いはじめるようになり、それを信仰するようになった。エリートはもともと、死語となっていた言語に衒学趣味と盲目的信仰とをまとわせてきたのだったが、エリートがラテン語を放棄したとき、フランス語やイタリア語やスペイン語や英語やドイツ語にそうした衒学趣味と盲目的信仰とを移入するようになっていた。そのときエリートがそうした言語を信じたのと同じように、今や大衆が言語を信じるようになったのである。

この現象は強度を増し、近代ヨーロッパの全体に広がった。さらにこの現象は、いまだ完了していない。世界中に存するあまたの言語にまで、この現象は少しずつ拡大してさえいるのである。現今のところ、アラビア語、中国語、日本語はきわめて重大な変化を経験している。なぜならこれらの言語は、たんにエリートが書き、話すだけであった言語から、ヨーロッパ的な教養を表現する言語へと遷移し、同時にまた国語へと遷移しているからである。人民は、この言語を正しく話さなければならないと信じているのだし、正しく話したいと望んでいるのだ。

これらは重大な言語事象ではあるけれども、これ以上その詳細に立ち入ることはやめにして、支配的な事象に取り組んでみよう。前世紀に経験したこと、それは、国民の言語をもっていなかった国民《ナショナリテ》ならざる諸民族が国民の言語を創造するということであった。かつて一度も文字をもったことのなかった諸々の人民《ププル》が——もっと正確にいうと、かつて一度も一定の恒常性と強度をもって「文明言語」を書くことをしてこなかった諸々の人民が——、「文明言語」を構築しようとしはじめたのである。それとは別に、長いあいだ忘れ去られていた古来の言語に回帰した人民もある。ギリシア語、アイルランド語、スロヴァキア語、スロヴェニア語、フラマン語、フィン語(『カレワラ』(フィンランドの民族叙事詩)もその一つである。これは叙事詩などといわれているけれども、民俗文化の手引き書にすぎない)がそうだ。言語が国民形成《ナショナリテ》に先駆けることさえしばしばあった。たとえば、ルテニア語(ウクライナ語の古称)は政治的な意味でしか存在していない。ガリツィア(現在のウクライナ南西部を中心とする地域)の小ロシア方言(小ロシアはウクライナの古称)が恣意的に選ばれたことによっている。恣意的に選ばれたというのは、ある場合にはロシア人がチスライタニア(ライタ川以西の旧オーストリア帝国の州で、ウィーンから見た「ライタ川のこちら側」の意)のオーストリア人に対抗するためだったからだし、ある場合にはオーストリア人がロシアの小ロシア人とロシア人に対抗するためだったからだし、ある場合にはルテニア人自身がガリツィアで自分たちを抑圧していたポーランド人に対抗するためだったから。これまでは無意識的な変異と無意識的な発展にゆだねられてきたプロセスに、人民が介入しようとする意志が見てとれる。しかも、ここに特殊な人為性があると信じるのは誤りであろう。父親が自分の子どもたちに、子どもたちの母語で一貫した教育を受けさせようとする。これこそ、言語にかかわるこの努力が当然にも表明していることなのだ。ある一つの言語によって結ばれあった複数の世代が、その言語を解体するままにさせておきたくないと感ずる欲求を、それはあらわしているのである。二言語使用によってその言語を台無しにしたり(フランスにいるブルターニュ人やバスク人やアルザス人の二言語使用のように)、方言を忘却することによってその言語を台無しにしたり(フランスの諸地方でのように)することがないようにしたいと感ずる欲求をあらわしているのである。フラマン人がガンに(ガンはベルギーのフランデレン地域の都市。そこではオランダ語系のフラマン語が話される)、ルテニア人がレンベルク(レンベルクはウクライナ西部の都市)に、クロアチア人がアグラム(アグラムはザグレブのドイツ語名で、クロアチア北西部の都市)に、それぞれ大学をもとうとする闘争は、人民たちのこうした言語ナショナリズムの最終エピソードにすぎない。そうした闘争において人民たちは、ヨーロッパ文化に自分たちの言語の色合いを付与しようとしているのだし、そのためにこそみずからの言語を創造し、維持し、完成しているのだ。とはいえ、何という努力を払い、何という困難を超えねばならないことか!

けれども、国民《ナショナリテ》ならざる諸民族がこのようにしてみずからの言語を創造するというのは、現代にあっては言語が国民を創造するからにほかならない。そうでなくとも、少なくとも言語が国民《ナショナリテ》としての構えを創造するからにほかならない。学術的、精神的な価値をもつ偉大な文学作品が発展する。同じような仕方により、教育が思いもかけない広い範囲に広がり、思いもかけず強い力で固有のものの見方をつくりあげる。こうしたことによって、ナショナルな精神が成形されるようになるのである。それがたとえ、国家の境界の外側でであろうとも。大戦中にスイス人が示した多様な共鳴のあり方など（ロマンド人（フランス語系スイス人）はフランスに好意的で、アラマン人（ドイツ語系スイス人）は中央ヨーロッパの二つの帝国（ドイツ帝国とオーストリア＝ハンガリー帝国）に好意的であった）、まったく異常なものではなかった。

さらにもっと注目すべきことがある。言語と国民《ナショナリテ》としてのあり方とがこのように外延を等しくすることにより、当該の国民はその言語を話す人々に対して権利を有するという主張が導かれるということがそれだ。このような権利要求は、いっそう内に秘められたものではあれ、つねに潜在的に存在してきたものなのだ。講和会議における論争が明らかにしたことは、言語的な基準が論拠となったということであった。一言語の語彙に属する単語がいくつあるかとか、地名のあり方がどうであるかとかが、起源にかんしてあれやこれやを証明するものとされ、論争の対象となったのである。どこそこの住民はもともとはスラヴであったただのゲルマンであったただの、どこどこの土地に昔住んでいたのはこれこれの人々であり、もともとの言語人口は今とは違っていただの、そうしたことで、ある境界線なりある地方なりを要求するのには十分な理由なのである。にもかかわらず、当の住民たち自身はというと、何らかの国民《ナショナリテ》であることについて、そのような記憶をまったくもっていないか、そのような嗜好をまったくもっていないかなのだ。フラマン人はゲルマン語系の一言語を話すのに、どうして〈帝国《ライヒ》〉の臣民となることに魅力を感じなかったのか。ドイツ人が理解できないのはこれなのである。さらにドイツ人の大多数には、どうしてアルザス人が決して自分たちの一員になりたがらなかったのか、これが理解できない。汎スラヴ主義者たちも同じであった。これと同様に、国家は支配的な国民《ナシオン》の言語を、それとは違った言語を話す住民たちに強制することを要求した。ロシア人が各所で、とりわけポーランドで、そしてドイツ人がロレーヌで求めてきたことがそれである。わたしたちはデニーキンが起こした騒乱に立ち会ったばかりである（デニーキンはロシア帝国の軍人。一九一七年のロシア革命後、赤軍に対して白軍を率いた一人。一九一九年八月から一二月まで、ウクライナの首府キエフを支配した）。デニーキンはウクライナに入ると、その短期間に終わった出番のあいだに、革命以来開設されていたウクライナ語で授業をおこなう一二〇〇もの学校を閉鎖したのだった。これが結局のところ誤ったおこないであると衆目一致して評価されたということは、人民の自律《オートノミー》という観念が大戦以降いかなる伸展を遂げたのかを示している。異なる言語を話す人々が混住している地域のほとんどすべてにおいて、ヴェルサイユ条約がナショナルな少数者の学校を保護していることは、一つの人民《ププル》がみずからの言語をもち、ナショナルな個別性をもつという権利をあらわしている。ただ残念なのは、イタリアが数十万人のユーゴスラヴィア人を何の保証もなく併吞してしまったことについて、規則に対する例外が認められたということである。強大な国が弱小な国に対して適用した規則があって、それは弱小国にとっては侮辱的なものであったけれど、もしも強大国が同じ規則をみずからに対しても適用しようと本当にしていたのだとしたなら、その規則は弱小国にとって何ら屈辱的なものではなかったであろうに。

第三に、国民はみずからの文明を信仰している。みずからの慣習やみずからの産業技術、みずからの美術工芸を信仰している。国民はみずからの文学を、みずからの造形芸術を、みずからの科学を、みずからの技術を、みずからの道徳を、みずからの伝承を、一言でいうならみずからの気質《カラクテール》を、盲目的に崇拝している。国民はほとんどつねに、自分が世界で一番であるという幻想をいだいている。国民は、あたかもみずからの文学が唯一の文学であるかのように、あたかも自分だけが科学を練り上げたかのように、あたかも自分だけが技術を発明したかのように、あたかもみずからの歴史と道徳が最良最善のものであるかのように、教えるのだ。そこにあるのは自然のうぬぼれである。それは、部分的には無知と政治的詭弁によって引き起こされるものであるが、しばしば教育の必要性によって引き起こされるものでもある。いかに小さな国民であろうと例外ではない。すべての国民はヨーロッパの古代や民俗生活に見られた村のようなものである。自分たちのほうが隣村よりもすぐれていると思い込んでいる。人々は向かいにいる「馬鹿者たち」と争いあっている。村の公衆はよその公衆を嘲弄している。ちょうど『プルソニャック氏』（モリエールの戯曲）で、パリ人がリムーザン人を愚弄していたように（リムーザンはフランス中南部の地域。長く英領であったため独自の文化を有する）。国民はかつてのクランやかつての部族や、教区や地方の偏見を受け継いでいるのだ。なぜなら国民は、これらに対応した社会単位となったからであり、集合的な性格を有する個別体であるからである。

　思想芸術がこのように国民のものとなること《ナショナリザシオン》を示す事象をすべて記述しようとするなら、非常に長々しくなることであろう。文学・芸術・産業・慣習・法の歴史についてよく知られた諸々のテーマがあるけれども、ここで期待されているのはそれらを要約することではない。これらのテーマは、一九世紀および今世紀のはじめにおいて、おそらくは強調されすぎるほど強調されてきた。それによってないがしろにされたのが、人類普遍《ユマニスム》を重視する見方であった。これらのテーマを強調することにしてからが、それに先立つ諸世紀の、あるいはさまざまな国民の進歩的な諸階級の、フリーメーソン的な人道主義《ユマニタリスム》とコスモポリタニズムへの反動であったのだ。文学史にかかわる諸理論、たとえばテーヌの「環境」理論（テーヌは一九世紀フランスの思想家・文学史家。作品の展開の法則性を把握するべく、『英国文学史』などにおいて人種・環境・時代という三つの要素による決定論的な理論を提示した）がイギリスとフランスに適用され、ヘーゲルの民族精神（*Volksgeist*）理論のような諸理論がドイツ文明史学に適用された。これらはすべて批評の領域で展開されている。他方、芸術および科学の領域それ自体で展開していることは、おそらくそれほどには目立たないであろうが、それよりはるかに重大である。

　第一に、伝統のなかにとどまろうとする自覚的な努力がある。すでにこれが重くのしかかっている。数多くの模倣、引用、引用句のつぎはぎ、暗示表現、これらによって文学は、しばしば無味乾燥なナショナルな形式のなかに硬直化させられたのである。リズムや正典や慣例が舞踊や身体表現を固定化した。アカデミーの権威者や芸術学校《コンセルヴァトワール》——意味深長な命名ではある（「コンセルヴァトワール」は「保存する」という動詞に由来する）——が新しい要素の考案を抑止した。これ以前の中世ならびにルネサンス時代における芸術・科学・思想の発展——教会および大学の一体性を他方でともなっての発展（相互交流が困難で、印刷術も写真も免許状も特許証もなかったにもかかわらず、一体性は実現されていた）——には統一性と論理性とが備わっていた。だが、現在では思想や美的表現様式の困難や衝突、国民の相互分断と偏見と憎悪が進歩を方向づけている。中世・ルネサンス期における発展の統一性と論理性は、現今の進歩に刻印されている統一性や論理性とは別様のものだったのである。たとえばそれを証しているのが、ワーグナーに対するフランス人の妨害工作であり、ワーグナーの愚かしい復讐である(一八六一年、フランス皇帝ナポレオン三世の命によりワーグナーの歌劇『タンホイザー』がパリで上演されたとき、ワーグナーに反感をもつ貴族たちの一派の妨害を受け、ワーグナーは三回で上演を打ち切ることを余儀なくされた)。工業技術でさえも、国民が伝承し、国民が専有し、それをめぐって国民どうしが対立する対象物となったのだ。ポルトガル人もスペイン人もオランダ人も、インドにおいて割譲された土地を自分たちだけのために保持していた。まるで、フェニキア人がカッシテリデスの島々(錫の宝庫とされる伝説上の諸島)の秘密を自分たちだけに秘匿していたように、一七世紀には、いや一八世紀においてさえも、たとえば磁器の発明についてのように、工業機密はまるで軍事機密のように保守されていた。二〇世紀のドイツ人たちはこれにかんし、他の人々の秘密を詐取し、自分たちの秘密を保持するために、ガラス職人やヴェネツィア共和国に匹敵するような気風をもっていたのだ。国民が知的財産の所有者であるという観念、そして国民は他の国民の知的財産を略取しても罰せられずにすむという観念は、きわめて強力なものである。そのため、文学的・芸術的・技術的・工業的な所有権は、まずは国内法によって徐々に認められるようになったのち、ようやく国際私法の領域に進むことになったのだった。それもごく近年のことにすぎない。ベルヌ条約ほかの諸条約によってのことにすぎない（著作権にかんする基本条約であるベルヌ条約は、一八八六年に締結）。しかもこれらには、すべての国家が加盟しているわけですらないのだ。

法的な諸形態ですら、経済生活の諸形態ですら、そして土地なり服属民なりの箍《たが》のはずれた搾取ですら、ナショナルな諸権利を根拠づけるものとして捉えられえた。文明と呼ばれるものはナショナルなものであると誰しも非常に強く思い込んでいるため、それをもって領土への権利の根拠となしたのだ。民俗文化にかかわる事象などよく知りもせず、よく研究してもいないのに、講和会議の場においてそれを証拠として提出するなど、ほとんど笑止である。これこれの国民は、どこそこまでを領土としなくてはならない、なぜなら、そこにはまだこれこれの形態の家屋があるからとか、これこれの奇習があるからなどと、民俗文化の事象が証拠として引き合いに出されるのだ。

これに対して第二に、とりわけ東ヨーロッパのさまざまな国民においては、民衆の起源に、民俗文化に、国民の起源に（それが真正なものであれ虚偽のものであれ）回帰しようとする恒常的な努力がなされてきた。たんに言語ばかりではない。そのほかにも古代の伝承があり、人々はそれを再構成しようとしたし、蘇らせようとした。そして、場合によっては、現にそれを蘇らせることに成功したのであった。この動向はスコットランドに発した。オシアンの偽作、すなわち再発見されたと称されるゲール語文学がたどった驚くべき話はよく知られている（ゲール語はケルト語系の言語。スコットランドの作家マクファーソンは、古代の盲目詩人オシアンのスコットランド・ゲール語による長編叙事詩を発見したとし、一八世紀半ば、その英訳とされるものを発表して一世を風靡した。現在ではマクファーソンが古詩に取材しつつ創作したものと見なされている）。それに続いたのがゲルマンのロマン主義者と文献学者たちであった。グリムの説話集と『エッダ』の発見（『エッダ』はアイスランドに伝わる北欧の神話・伝説の集成）の二つが決定的な時期を画した。見つかったのはゲルマン文明そのものであると信じられたのだ。詩と音楽は、とくにワーグナーのものがそうであるが、起源にあるこれらの説話に取材し、それらを蘇らせるために多大な労力を払ってきたのである。敗走する軍隊を防備するべき塹壕に、ゲルマン叙事詩に登場する諸々の名前が哀れにもつけられるにいたったのだった。フィン人とスラヴ人がこの範にならった。セルビア人、クロアチア人、チェコ人もこの種の文学をみずからつくりあげた。ロシア音楽が民俗的であるのは意図してのことである。有名な「四人組」について（「五人組」の誤りか。一九世紀後半のロシアで反西欧を標榜し、民族主義的な作風で集ったムソルグスキーら五人の作曲家集団）、彼らの原則はよく知られている。民族誌学博物館にしても、ナショナルな芸術への回帰にしても、ナショナルな芸術を支配した一連の様式にしても、これらはすべて同じことがらである。国民が伝統をつくっているのにもかかわらず、人々は伝統を中心にして国民を再構成しようとしているのだ。

東ヨーロッパにおいて支配的文明という観念がどのような展開を遂げたのか、これを見るのは滑稽でもあり、かつまた悲劇的でもある。この問題については本章の結論で立ち戻ることにしよう。それというのも、この問題はきわめて高度の実践的な重要性を有しているからである。しかし、わたしの議論の現段階においては、この事象それ自体に注目することが必要である。外交官や民俗学者や帝国主義者のあいだで流通している用語法がある。ドイツ語やスラヴ語の用語法であり、汎ゲルマン主義者や汎スラヴ主義者その他が用いている。その用語法で混成社会における「支配的文明」というと、意味するところは支配的な人民《ププル》の文明が我がもの顔に幅を利かせるようになった状態のことである。さらには、支配的な人民の文明が国中で唯一の文明である状態のことである。長期間にわたってハプスブルク家がスラヴ人やハンガリー人に君臨してきたのはこの原則のゆえである。周知のように、ハプスブルク家の支配のもとで、チスライタニアのドイツ人やトランシルヴァニアのハンガリー人はスラヴ人とラテン人に対して暴政をふるっていたから。これらは偽りの権利であるにもかかわらず、何としてでもこの権利を死守しようとしたことが、セルビア事件にあって大戦の原因の一つでもあり、大戦を生んだ主要な機会であったのだ。そして大戦がとにかくももたらした成果として、これらの諸原則を適用することはかつて以上に困難になった（愚かしくなったとはいわないが）。ある人民が、別の人民の物質的・精神的な発展を全面的に阻害してきたという事実が、この別の人民の上にさらに君臨し続けてよいというお墨付きとなることはもはやない。神々のおかげである。一四か条のおかげである（第一次世界大戦末期に合衆国大統領ウィルソンが提唱した「一四か条の平和原則」のこと。大戦講和の基本原則となった）。ガリツィア東部において唯一の「文化的」人口がポーランド人であるというのが本当だとしても、そして、ルテニア人ないしウクライナ人がただの貧農にすぎないというのが本当だとしても、だからといって、権利はエリートと自称するこれらの人々に帰属しており、大衆《マス》などに帰属していないということは、もはや正当化されない。人民と人民の土地を、領主貴族やポーランド人の法学者やブルジョワが、場合によってはポーランド人と名づけられたユダヤ人が、自由に処分する権限をもつなどということはもはや真実ではない。ベッサラビア（東ヨーロッパ、黒海とドニエストル川、プルト川に囲まれた豊かな農業地帯の旧称。古くからロシア、オスマントルコ、ルーマニアの係争地）がロシアに占有されたからといって、ずっとロシアにとどまらなくてはならないわけでないのも同じである。バルト海沿岸諸州（*Baltikum*）にはチュートン人の諸侯が多いから（チュートンは古代ゲルマン人の一派）とか、部分的にゲルマン化したユダヤ人が多いからといった理由で、そこがドイツ領にならなくてはならないわけでないのも同じなのである。

ある人民が、自分の文明とは違う文明を押しつけられて苦しむこと。その人民が日々抵抗し、力を尽くして(しばしば英雄的に)、みずから道徳をつくりだし、伝統をつくりだし、教育をつくりだすということ。これらは近代的な事象である。注目すべき、称賛すべき、そして相対的に頻度の高い近代的事象である。人民は自前の商人を、自前の法学者を、自前の銀行家を、自前の教師を、自前の新聞雑誌を、自前の芸術をもちたいと願うものである。それは真の独立への要求、国民の十全な自由への要求の表徴なのである。これまでこうした財をもてずにいた多くの人々が、国民としての自由を希求しているのだ。この状況が変化するなどと考えてはならない。これまで支配されてきた多種多層にわたる人々が、まさしく豊かになりつつあるところである。征服者であった白人種が戦争で疲弊しているのと比べてみれば、豊かになりつつあるところだから。人々はみずからを解放し、みずからを自由にし、みずからに自前の文明をつくりだそうとすることになる。日本の例がそうだ。日本はみずからの過去をすべて保持しながら、近代文明のあらゆる利点を我がものとすることができた。日本の例はアジア全体に広まり、アジア全体がそれに追随することだろう。ナショナリズムと帝国主義とのあいだの闘いは終わっていない。諸文明の大衆化もまた、まだ終わっていない。諸文明の個別化もだ。古参の国民が着手した個別化の作業は、現在も続けられている。ドイツはオーストリアを呼び求めているけれども見込みはなく、オーストリアのほうは分離した単一国になろうとしている。ドイツとオーストリアは互いに際立ち、互いに分離し、一言でいえばそれぞれに集合的な性格をつくりあっているのだ。

ここでわたしは意図的に性格《カラクテール》ということばを用いている。その心理学的な意味においてである。性格とは、ある一個人のさまざまな能力が統合された全体である。ある人々は多少の違いはあれ感受性が豊かである。別の人々は多少の違いはあれ知性にすぐれている、もしくは意志が強い。ある人々は多少の違いはあれ粗暴で激しやすく、強かったり弱かったり。ある人々は個性豊かで、別の人々はおよそあらゆる個性を欠いている。ところで注目すべきことなのだが、国民が発達すること、とりわけ強大な国民が形成されることによって、集合的な性格が破壊されるにはいたらなかった。逆に集合的な性格が際立つようになったのだ。前世紀には文学の新しいジャンルが誕生した。個人個人の性格の研究（これはテオプラストス（古代ギリシアの哲学者・植物学者。『性格論』〔邦訳『人さまざま』〕で有名）やマンデヴィル（イギリスで活躍したオランダのモラリスト。『蜂の寓話』で知られる）やラ・ブリュイエール（一七世紀フランスのモラリスト。テオプラストス『性格論』の翻訳の付論として出版された『カラクテール——当世風俗誌』で知られる）以来古典的なことである）に加えて、人民《ププル》の性格の研究がおこなわれるようになっている。フランス人民についての心理学やら、イギリス人民についての心理学やらがあふれかえっているのはそのためだ。こうした研究の淵源はモンテスキューとヴォルテールとカントに見いだすことができるのではないだろうか。幸いにもこれらの諸研究のおかげで、社会学が生まれる以前から、社会学のためにかくも多くの文献が指定されることとなった。この点にかんしてはまだまだ社会学は発展途上であるが。けれどもこれは、ある事実が文学的なかたちで顕現したものにすぎない。それが、国民がもつべき性格の自覚的な形成である。今に近い時代にいたるまで、社会の性格というものはどちらかといえば世代を重ねるなかで、そしてまたその社会が先立って置かれていた状況（内的状況や外的状況や）によって、無意識的にかたちづくられるものであった。その上、不定型なクラン社会や未開の平等性の社会のような社会の未開形態と、わたしたちの社会のような理論的な平等性の社会との隔たりの中間に位置するありとあらゆる社会に、区別が見られるのが常態であること（?・）（（　）は編者による挿入。「常態である」と訳した原語《normale》が手稿では読み取りがたく、不確かであることを示す）、氏族（*gens*）と民衆（*populus*）との、エウパトリデス（eupatrides）（古代アテナイの貴族階級）とプレートス（πλῆθος）（大衆）との、民衆（Pöbel）と国民（Nation）との区別が見られるということ。つねにコスモポリタンなエリートたちに割り当てている……（欠落あり）（（　）は編者による注記）。

ある人々は自分たちの古い民俗文化にとどまり、そこから先には進まない。別の人々は、文明をつねに洗練させ、当然のことながら国民の外にも拡大させることに熱中している。ローマまでの時代がそうであった。中世のラテン文明がそうであった。のちになってユマニストの文明がそうであった。さらにのちになって、イギリス文明やフランス文明やスペイン文明やイタリア文明を信奉する態度が生まれた。高位者たちに対抗して、人民のすべてを完全に教育するという思想があらわれたのは、ギリシア諸都市においてと、ユダヤ地方(わたしはこれをイスラエルの他地域とは区別する)(ユダヤ地方は古代ユダ王国の領土に相当し、死海と地中海のあいだのパレスチナの一地方)がシナゴーグと貧者の〈コミュニティ〉を発達させたときのことであったにすぎない。トゥキュディデスは、ボイオティア(中部ギリシアの一地方で、古代から交通の要衝として栄えた)の小都市であるミュカレッソスが、ペロポネソス戦争のときにトラキア人によって襲われた話をしている(トゥキュディデス『歴史』第七巻二九)。トラキア人はそこで、子どもたちが全員学校に集まっているのを見つけ、子どもたちを皆殺しにしたのだった。義務教育というこの考えは、ユダヤ人のもとでしか生き続けなかった。および、ギリシアの諸都市と、それがのちに変化してなったローマ支配下の自治都市にしか生き続けなかった。だが、教会(教理問答)に陰りがさし、宗教改革期になると、義務教育は不意にまたあらわれた。ただし、その当時はユダヤ人においてのように、完全に宗教的な教育であった。宗教的であるが、同時にまたナショナルでもあるような教育という考えは、スイスとドイツで、つまりプロテスタントの地で、形成されたのだった。同じ時期に、国民の市民たるもの国民によって教化されれ教育されなければならないという観念に立ち戻ったのが、百科全書派でありフランス革命であり、イギリスの急進主義者、とりわけスコットランド長老派教会であり、クエーカー教徒たちと合衆国の新共和国であった。公的な義務教育が確立され、国家が、国民が、この件にかんして効率的に、かつ全般的に法整備をおこなうようになった。そのときこそ、国民が集合体として有する性格、それまでは無意識下にあった性格が、努力して進歩させるべき対象物となったのである。

結局のところ、まったき国民というのは、十分に統合された社会であり、一定程度に民主的な中央権力を備え、いずれにしても国民の主権という観念を有するものであって、その境界は一つの人種《ラース》の、一つの文明の、一つの言語の、一つの道徳の境界、一言でいえば一つのナショナルな性格《カラクテール》の境界なのである。これらの要素のうちの一部が欠落していることはありうる。民主制は、ドイツやハンガリーには部分的に欠けていたし、ロシアには完全に欠けていた。言語の単一性はベルギーやスイスには欠けている。イギリスには統合が欠けている（スコットランドのホームルール）（本来のホームルールは、一八七〇―一九一四年のアイルランドの自治獲得運動。運動のスローガンが「自治［ホームルール］」であった）。けれども、完成した国民においては、これらすべてが同時に見られる。すべてが同時に見られるのは稀であるが、そうであるだけに、それは注目すべきことであるし、こう評価してよければ、美しいことである。それというのも、一切の政治的な先入観《プレジュジェ》を抜きにしてさえ、社会は動物として、あるいは植物として評価《ジュジェ》することができるからである。

間国民的な諸現象

国民は、あらゆるタイプの社会と同じく、世界にそれだけ単独で自存しているわけではない。国民が他の社会との関係を調整してきたか、してこなかったかということは、国民の生を司る事象であり、したがって分析する必要のある事象である。確かに一方で、国民は閉じたものであり、それのみで自足的なものであると捉えることは可能である。太平洋の辺境にある島々の住民たちから、そうした幻想をいだくことはありえた。彼らのところに最初に接岸したヨーロッパ人航海者たちがそうであった。スティーヴンソンのような小説家がそうであった。Ｂ・トムソン（イギリスの行政官でフィジー総督をつとめたバジル・トムソンのことか）のような想像力豊かな民族学者がそうであった。他方でまた、合衆国やロシアのように大陸の上に広がり、きわめて多種多様な気候と土壌に恵まれた広漠とした社会もあって、そうした社会もいつか、いざという場合には、一定程度の自律性と経済的独立性を示すことがありうるだろう。そうした自律性も独立性も異常なものではあるけれども、そのときそうした社会は自分自身をのぞくすべてのものに対する関心をやすやすと捨て去ってしまうことになるだろう。まさに今現在の合衆国がそうであるように（欧米両大陸の相互不干渉を旨とするモンロー主義が合衆国外交の基本であったこと、またその原則にしたがい、合衆国が国際連盟への加盟を批准しなかったことが想起される）。しかしながら、歴史的に見ると、そして、じっさいのところ現在にあってはかつて以上に、どの社会も他の社会を抜きにしては形成されずにきたのである。社会と社会との相互依存性は、社会間の関係のあり方にかかわる戦争という現象によってむしろ増大している。この関係のあり方という問題が、したがって最前面に提示されているのである。それを研究すること、そして、そこからどのような実践的な結論が導きだせるかを研究することが本章の目的である。必然的に簡略なものになるであろうが。

社会学は家族の起源やら経済の新形態やらについては研究領域を開拓してきたけれども、わたしたちはここではそれほどよく開拓された領域の上にいるわけではない。戦争というのはよく分かっていないし、平和の形態となるともっとよく分かっていない。知られはじめているのは、中世に発して以来の歴史における国際公法・国際私法だけである。けれども、間社会的な現象はこれだけではない。諸文明・諸言語の歴史学というのは、この観点から練り上げ直す必要がある。そして、この種の研究が民族学と言語学の方法のなかにあらわれたのも、ごく最近のことでしかないのである。もう少しよく知られているのは、とくに宗教的な現象や説話やシンボルの伝播移動である。また、普遍的宗教と呼ばれる大宗教の拡大である。これらの事象すべてからなる全体については、なおのことよく分かっていない。今すぐ利用することができるものとしては、人類地理学者の研究しかほとんど存在しない。しかも終局的にそれらは、社会間関係にかんする地理的条件という研究領域に範囲が限定される。ここに間国民主義《アンテルナショナリスム》の歴史もそのドクトリンの歴史も見られないことに、おそらく驚かされるであろう。それは――思い起こさなくてはならない――、問題が観念の問題ではなく、事実の問題だからである。そして観念は事実としてしか、あるいは事実に対応するものとしてしか、わたしたちの関心を呼ばないからである。ところで、もし仮に空想や絵空事の領域があるとするなら、それはまさしく平和主義的で間国民主義的な諸理論の領域である。その結果、こうした理論を考察する必要があるとしても、それは例外的なことでしかなく、何ごとかの兆候として、あるいは何かを動かす力として、考察する必要があるのにすぎない。それも、そうした理論がある特定された社会的状態にかつて対応したことがあるかぎりで、あるいはそうした理論が、少なくともある特定された時期に歴史上に実現したことがあるかぎりで、という条件でのことなのだ。

けれども、わたしたちの科学にこうした欠落があるからといって、分かっていることを述べること——何が分かっていないかを明示したあとであれば——が妨げられてはならない。そして、社会間の関係にかんする一種の簡略な地理図・歴史図を作成することが妨げられてはならない。人はおそらく、長々と遠くにまで曲折をたどらなくてはならないことに、そしてそれによって大洪水（聖書にあるノアの洪水のこと。人類の起源にある事蹟とされる）にまでさかのぼらなくてはならないことに驚くであろう。けれども必要なのは、近代的な国民どうしの関係は、とりわけ強大な国民どうしの関係は、社会間のさまざまな関係の一つの事例にすぎないということを、それによって意識化することなのである。それに続いて必要なのは、近代的な国民というこの新しい社会的生の形態が出現したことによって、どのような点で新しい関係が必要となったのかを見ることである。最後に必要なのは、この問題が恒久的なものであることを認識することである。現今の諸問題が有しているのは相対的な重要性でしかない。じつのところ、現今の諸問題は現世代のわたしたちにとってしか、この時代を生き抜いてきたわたしたちにとってしか、興味深いものではないのだ。このような科学的態度をとり、引いた地点から観察をおこなうこと——俯瞰的な視点から、そして側面にも目を配って——によって、今日もっとも焦眉の課題となっている諸問題を、冷静に、静謐に、独立性を保ちつつあつかうことが可能となる。そして、国民間の政治と倫理にかかわる現代的な実践的問題を、その一般性において考察することが可能となるのである。

二つの予備的考察

第一に、わたしたちはここにおいて新しい研究領域にあり、これまで研究してきたような事象とは異なる次元の諸現象を相手にしている。間国民的な事象——それは間社会的な事象であるとつねに言い続けなくてはならないのではないだろうか——は、かぎられた社会集団に対応するものではない。ただし、その国の法律によって公的に認められている場合は、この規則の例外である。間国民的な事象は全面的に生理学的な事象であり、それによって、戦争での場合のように、諸社会の人口構成に変化がもたらされることになるときでさえ——変化はきわめて大きなものなので、社会全体が抹殺されるにいたることもありうる——、生理学的な事象である。それらは動物における関係のあり方にかかわる諸現象に比較することができる。一つの社会とは一つの個体であり、別の社会は別の個体である。それらのあいだに、それらよりも上位の個体性を構成することは——それらが個体化されたままであるかぎりは——不可能である。これは事実としてそうであり、また常識的に見てもそうであるのにもかかわらず、ユートピアの夢想家たちには一般的に見落とされていることがらである。しかしながら逆に、社会というものは上位に還元しえない個体性ではなく、すでに見たとおり集まって共住《シノイキスモス》することが通例である。大きな国民の起源にあるのもこのプロセスである。このように社会と社会が融合しあうという可能性は、自分たちの時代の社会を保守しようとする保守主義者たちが大概は無視しているものなのだ。

そこで次のようにいいたい。

間国民主義は全面的に観念的な次元の現象である。しかし、それとは反対に、社会どうしからなる集合が形成され、それが徐々に広範なものになってゆき、大きな社会や小さな社会やらを併呑しつつ、呑み込まれる社会の数が徐々に多くなってゆくということは、歴史の上でもっともよく確認することのできる法則の一つである。したがって、このプロセスにアプリオリに限界をもうけることはできない。じっさい、わたしたちがしなくてはならないのも、今日の人類がこのような進化の道筋のどの地点に到達しているのかを示すことだけなのだ。

第二の考察である。間国民的な諸現象は国民に先立って存在するものであるし、現に過去において国民に先立って存在してきた。間国民的な諸現象はナショナルな諸現象に先立つのである。その一方でナショナルな諸現象は徐々に数を増し、より重要性を帯びつつある。いいかえるなら、以下のことは明白である。間国民的な諸現象は先に文明という観念について見たように、いつの時代にもつねに存在してきたということ。その一方で、この千年紀において力と頻度を増大させているということ。通商はますます拡大を遂げる。交換はますます広範におよぶようになり、ますます多くの面におよぶようになる。観念や流行はますます速く借用されるようになる。宗教的な運動や道徳的な運動が大きな波となる。制度や経済体制や法体制はますます自覚的に模倣されるようになる。そして最後に、とりわけ注目すべきことであるが、そうしたことがらの帰結として、文学と言語にかんする知識がますます増大し、ますます深遠なものになってゆく。それにより、大きな国民も小さな国民も、今では世界のもっとも辺境に位置する社会でさえも、相互浸透と相互依存がいや増す状態に導かれた。その結果はどうか。わたしたちの国民のように大きな国民よりももっと広範な社会的集合の形成というのが、今のところは完全に観念の、そして理想の領域にあるのは確かである。けれどもそれに反して、国民どうしのあいだに、そしてありとあらゆるレベルの社会どうしのあいだに関係づけがおこなわれるという現象の重要性と自覚化は、予想を超える仕方で増大した。大戦が終了して以降においてさえそうである。さらにまたその結果、何らかの実践的な問題に対して実践的な解決を図ることがただちに可能ではなくとも、少なくともそうすることを構想しうるためには、きわめて多数にのぼる条件を所与としなくてはならなくなるのである。

関係のあり方にかかわる諸現象は三つのグループに分けることができる。一、借用現象、すなわち文明にかかわる諸現象。二、人口動態にかかわる諸現象。三、関係一般にかかわる諸現象。

この分類法では、社会間の接触を区分するのに、その接触が社会的生のある一時点での限定された関係や、限定され、分節化した社会集団の関係にともなうものなのか、それとも関係づけられた社会の全体的な生を巻き込むものなのかに応じて区分している。この分類法の利点は、特定化された規準にしたがっているということ、そして、さまざまな事象を比較的完全に検討することを可能にし、それによって事象がどのような広がりをもち、どのような多様性をもっているのかを示せるということである。この分類法に不都合な点があるとすれば一つだけである。重大な不都合ではあるのだが、それはこの分類法が、これらの事象間のつながりも、これらの事象が有する際立って生理学的な性格も、そしてとりわけ歴史学的視点から見た場合のそれらの重要性も、十分には理解させてくれないことである。それというのも、これらの事象こそが、たんに社会間の関係だけでなく、非常にしばしば社会それ自体の内部における重大な変化をも説明するものだからである。それが社会それ自体の構造における変化であり、体制における変化であり、慣習や言語や芸術における変化であり、制度における変化なのだ。

それというのも、たとえばある社会体が市場の要請に応じて、それまでは経験したことがなかったある種の産業形態を採用するとするなら、その産業形態が必然的に原因となって、その社会体の生と法の全般的な条件について重大な変容が生みだされるからである。今日の日本やインド帝国で見られるように。そこでは資本主義が導入されたことによって、社会機構の全体において巨大な変動が生みだされている。これは本論にとって重大な不都合ではあるが、これには目をつぶっておくことにする。なぜならそれが本論の主題ではないからである。関係のあり方が社会の数や機能にどのように作用するのかを論証することが必要なのではなく、関係のあり方を簡略に記述することが必要なのだからである。しかしながら、以下に論じることを通じて、この留保はしっかりとわきまえておかなくてはならない。なぜなら、社会というのはすべての自然の事物と同じく、それを取り巻く環境が変化するときにしか本当の意味では変化しないものだということ、みずからの内部においては、相対的な変化能力をしかもちあわせていないものだということ、このことを覚えておくことが必要だからである。

社会学者たちは——歴史学者たちはこの点についてつねに現実をよりよく記述してきたのだが、それとは反対に社会学者たちは——、社会集団に内的な変革の能力があるとあまりに強く想定してきた。その結果、さまざまな社会が呈する社会現象をあまりに独立して取りだしてきた。今や社会科学のなかにきちんと浸透させるときである。偶発的な事象であるとか、事象の紆余曲折であるとか、事象の中断であるとかについての観念を。こうしたことがらは歴史学には馴染みのものであるし、それに相反するものといえば、斉一的な進歩、一般的法則、自律的な生成変化などという形而上学的観念のみである。これとは逆に、社会学が真に実証的なものになろうとするのであれば、こうしたことがらを最大限に考量しなくてはならない。なぜならば、まさしくこうした社会間の関係こそが、社会内の生にまつわる諸現象をよく説明してくれるものだからである。じっさい、ある国民の内政が外的な要因によって広範に条件づけられていることなどないと考えること、そしてその逆もないと考えること、それは事実を捨象した考え方である。ただし、次のことには注目する価値がある。社会の場合は、他の社会のなかで生きている。いいかえるなら、結局のところ、社会が生きている環境がたんに物理的なものでも地理的なものでもないかぎりにおいて、社会にとっての環境は社会自身と同じ性質で同じ次元のものである。これに対して、社会以外の有機体の場合は、人体の個別性を含めて、自分自身とはまったく質を異にする環境のなかで生きている。環境のほうが下位にある場合には物理的環境であるし、環境のほうが上位にある場合には社会的環境である。

一つの社会というものは、それを構成している個々の個体にとってはすでに一つの環境をなしているのであるけれども、それと同じ意味で環境をなしている他のさまざまな社会のただなかで生きている。したがって、次のようにいうならば、ことがらを正確にいいあらわしていることになるのではないだろうか。社会間関係のあり方にかかわる間国民的な諸条件の総体、あるいはもっと適切にいうなら、間社会的な諸条件の総体とは、さまざまな環境が織りなす環境なのである、と。そうすれば、事象が有する極度の複雑性と重要性、それにまた事象を日常言語で記述するときに特有の困難が、よく理解されるのではないかと思われる。

最後に、人間からなる環境が社会であり、そうした環境の総体が人類であるわけだが、これらは物理的環境と同じで、エクメーネ（地球上に占める人類の恒常的な居住域の全体）の全体像が知られて以来、およそあらゆる人間の側からの働きかけを免れるものではない。そこから、愚かしい考えではあるけれども、それなりに根拠のある幻想が出てくる。人間は恣意的に社会をかえることができ、意思は介入できるとする考えである。この思想はよく知られたものであったし、歴史を動かす偉大な中心観念《イデ＝フォルス》の一つである。この思想によって偉大な立法者たちは行動に駆られたのだし、偉大な圧制者たちは動かされたのである。アレクサンダー大王、シーザー、ナポレオン、ロベスピエール、レーニン。もっともレーニンはマルクシストであったのだが。

しかしながら、のちに個人主義についても見るように、人間が構成する環境というものは、他の環境とは異なり、他のいかなる自然環境にも増して個体性の影響を受けるものでもある。それはじっさいのところ、この環境がたんなる生物学的な環境ではなく、さらに心理学的な環境でもあるからである。人間が構成する環境は、他のいかなる生物学的な現象も経験しないような速度をもって、お互いに影響しあい、お互いに変質させあい、お互いに破壊しあうものなのだ。そのため、完璧を期すとするならば、諸社会の歴史はことばの通常の意味においての歴史でなくてはならないということが理解される。クレオパトラの鼻であるとか、ナポレオンの癌であるとかといった、雑報に類するような一連の事象を丸ごとともなった歴史でなくてはならないということが理解されるのである。

一　文、明、

わたしが関心をいだいている観点から見ると、文明の歴史は一つひとつの社会が蓄積した多様な財や知が社会のあいだで流通してきた歴史である。文明概念にかんする研究でわたしが述べたことであるが(それは、社会はその社会の文明によっては定義されないということにわたしが気づいたときのことである)、そしてまた、国民の形成についてわたしが指摘したことでもあるが、社会というものは、いうなれば文明という風呂のなかにどっぷりと浸かっているものなのだ。社会は借用で生きている。社会は借用の可能性によって定義されるよりも、むしろ逆に借用の拒否によって定義される。この論点については、中国周朝の一王国の王が、その廷臣と封臣に対してなした注目すべき議論を見るがよい。廷臣や封臣はフン(満州人)の装束を取り入れることを拒み、戦車に乗らずに馬に騎乗することを拒んだ。そのとき王は、どんな苦労をして儀礼と慣習とは異なること、技芸と流行とは異なることを彼らに説明したことか。挨拶の仕方、仕種、愛撫の仕方にいたるまで、現在他の場所へと移動し、他の場所で模倣されているありとあらゆる種類のものごとは、まさしくこのようなものごとの一部であったのだ。社会が知っていたものごと、社会が提示したものごと、社会が拒んだものごとの、一部であったのだ。

けれども本論は借用の拒絶について研究する場ではない。借用の拒絶というのは、記述社会学の、歴史社会学の、あるいはもっと適切には心理社会学の素材だからである。だが、借用の拒絶は、借用それ自体よりも所与の社会にとってはるかに典型をなすものであり、はるかに説明能力の高いものである。わたしとしては次のように指摘しただけでよしとしたい。集合体というものは、この点にかんしては傾向よりも制度によってより強く際立っているということ、そしてこのこと自体、借用が正常な現象であることを証拠立てているということである。なぜなら、借用が起こらないということは、まさしくある一つの社会を別の社会に対して特異なものとしていることがらだからである。

借用にまつわる事象はすべて生理学的な事象であり、社会学と、古典的な社会科学(経済、技術、審美性、言語、法にかかわる社会科学)の研究の地平にかなり適切に配置することができる。主要な事象ですら、列挙しても尽きるところがないのではないだろうか。こうした諸事象にこそ、タルド(フランスの社会学者。『模倣の法則』で知られる)の機知に富んだ、しかし珍妙なドクトリンは基礎づけられたのであった。タルドの本のなかには、大量の、しかしかなり陳腐な記述を見ることができるだろう。それらはさして歴史に根差しておらず、なおのこと論理には根差していないものなのだが。ここでは、他の事象よりも典型的な事象をいくつか示すにとどめたい。その上でとりわけ、社会的事象の大きなカテゴリーの一つひとつについて、近代的な国民がどれほどそれらを取り入れやすいのか、そしてその結果として、今日の文明が、また明日の文明が、どれほど均質化してくるのかを指摘するにとどめたい。社会的なものであり、かつ社会の基体それ自体をなすのでないものは、すべて一つの国民から別の国民へと借用されうる。一つの社会から別の社会へと借用されうる。わたしが明らかにすることでよしとしようとしているのは、このことである。それというのも、歴史的な発展によって目立って増大したのは、さまざまな制度や、さまざまな技術的・審美的な技芸に備わったこの人類的な性格だったからである。その結果、今やわたしたちは世界的な人類文明について語ることができるようになっている。近代のジャーゴンを用いるなら、それは世界的な人類文明なのであり、アカデミー・フランスセーズがこの表現をまだ公認していないからといって、この語を用いない理由はない。

わたしたちが取引《コメルス》という名前をあてているのは、そしてラテン人が細心の正確さをもってコンメルキウム（*commercium*）（通商、取引、交際、交通）という名前をあてていたのは、たんに経済的な諸関係に対してだけではなく、ありとあらゆる種類の関係に対してであり、社会間のあらゆる性質の交換に対してであり、あらゆる種類の相互的な給付に対してである。ただし、社会内の取引と社会間の取引とを区別することが必要である。サーヴィスと財の交換がさまざまな単位のあいだでなされるとき(クラン間、部族間、地方間、階級間、家族間、個人間)、それは社会の内的な生の正常な事象であり、それが社会の内的な生を大きな部分においてかたちづくっている。その一方で思い起こされるのは、多分節社会においては、クラン間・部族間の取引というのはある程度まで互いによそ者である集団間での取引として捉えられているということである。たとえば、ヘブライ法とギリシア法とに類似した規則があって、それによればクラン内部であれば結婚も不動産の移転も認められるのだが、部族の外部ではそれらが禁じられる。交換がおこなわれる臨界はかつては驚くほど狭く、交換されるものが少数であったか、あるいは交換に参加する人が少数であったかであった。

社会と社会とのあいだの取引は、なおのこと稀であった。なおのこと困難であり、ほとんど不可能であった。第三節でその理由を見ることにするが、社会間の取引というのは、今よりもはるかに重大なものであり、はるかに儀式的な荘厳さをまとったものであった。とくにそれが必要とされていたときには。事物も慣習も、社会が別の社会とのあいだに打ち立てていた浸透性のない隔壁にさえぎられ、そしてこれもまた奇妙なことであるが、社会が別の社会とのあいだに維持するがままにしていた断絶にさえぎられ、それらを容易に透過することができなかった。国民が精神的にも物質的にも互いに閉ざされあうことが比較的なくなったのは、現代になってのことにすぎない。諸々の国民は、交換を減少させるのではなく、むしろ逆に交換の量と可能性と強度を増大させたのである。もっとも単純な政治的・家族的組織化がなされていた時代には、外婚的な二つのクランはともに不定型であって、相互に対峙していた。次いで、部族があり、都市間連合があり、小国家があって、やがて大国家の所領となった。じっさいのところ、今日の国民が置かれている位置というのは、かつてこれらのクランその他が置かれていた位置とほとんど同じである。古代法は自国民でない者とのコンメルキウムおよびコヌビウム（*conubium*）（通婚、縁組み）を認めていなかったが、近代的な国民はすでにもう何世紀も前から私法公法において、ほとんどすべての人間とのコンメルキウムとコヌビウムとを導入している。日本の法だけが例外である。実際的にいえば、重要な国民によって、アングロサクソンの諸国民によって、日本人に対しては司法が拒絶されているのは事実であるから。けれども理論的にいえば、国際法は今から何年か前には、ハドリアヌス帝がユダヤ人に修正させた法典（それは同じ国民に対してのみ権利を認めるものであった）と同じ種類の古い法典とはまったく反対のものだったのである。そして、精神的にも心理的にも物質的にも、この上なく親密な取引が社会と社会のあいだに存在していた。いずれにしても、ありとあらゆる境遇にあり、ありとあらゆる出自をもった個人と個人とのあいだに存在していたのである。

であるから、経済的なものという枠組みの外部で取引を云々することができるのである。けれどもここで表現の慣例にならい、この用語を経済的な意味に限定してみよう。その上で、社会間関係はいつの時代も、何よりもまず、取引であったといってみよう。このような言明におそらく人は驚くことだろうが、想像しうるかぎりあまりにも低級すぎて、あまりにも未開すぎて、あまりにも古拙すぎて、他の社会とは取引をしないというまでにみずからを隔絶化した社会など、知られてはいないのだ。オーストラリア原住民は非常に長い距離にわたって取引をおこなう。彼らのところでは、ある種の石や鱗片がすでに貨幣の役割を果たしており、それらが部族から部族へと流通しさえする。オーストラリア中央には一種の祭市《フォワール》さえ存在しており、ボールドウィン・スペンサー卿（中央部および北部オーストラリアの諸部族のもっともすぐれた観察者である）（イギリスで生まれ、オーストラリアで活躍した人類学者・生物学者)はつい最近も、興味深い部族間の交換システムについて記述してくれた。葬送儀礼(ハクトゥ Hakoutou)がおこなわれるさいに、部族間で支払額の定まった交換がおこなわれるのである。これと同じような事象が、新石器時代の最古の頃からすでにヨーロッパで起こっていたことは確実である。琥珀と水晶はすでに移動していた。先コロンブス期のアメリカは、いや、最古期のアメリカでさえ、独自の護符や土器や織布を有しており、それらは非常に遠い距離をわたって流通した。こうした社会がどれも文明のない社会であるかのように思い描いてはならない。文明というものが世界的にきわめて新しいものであるかのように思い描いてはならない。たとえばメラネシア人は、長距離の航海に長けた人々であり、商取引を得意とする人々である。貨幣も有している。ナジャ人(原綴りはNaiaであるが、インド最東部、ミャンマーにかけて居住するナガ[Naga]のことか)もそうだ。ことばの通俗的な意味での文明をつくりあげてきたもの、それは取引を規制・調整し、その数を増加させ、普遍化させるということである。それはまた、沈黙交易(二つの集団が物理的接触を避けつつ産物を交換することによって成立する交易)での物々交換(例外的に、もしくは儀礼的におこなわれたもの)から自由な物々交換へと、物々交換から売買へと、売買から市場へと、植民地市場あるいはナショナルな市場から世界市場へと、取引のあり方を進めるということである。じっさいに現今ではナショナルな経済がほとんど内に閉ざされなくなったことから、ナショナルな経済はすべて互いに互いの関数であるばかりでなく、世界市場のある種の動向の絶対的な関数となっていさえするのだ。これは歴史上はじめてのことであり、とくに価値をはかる原器となる貴金属の世界市場についてそうである。この事象はその大きな部分が戦争の結果なのであるが、教えられるところが多々あるものであり、のちに立ち返ることにしたい。ここではたんに、この事象が位置づけられる場所を見ておく。この事象は人類諸社会の起源と同じところに起源を有するグラフ曲線の、その最高値に位置しているのである。

二　技　術

取引は元来、何よりも呪術的・宗教的な物や貨幣の取引であった。技術的な物の取引でもあったが、消費される物品の取引であることはそれよりも稀であった。このようにして、さまざまな道具や家庭用品や武器などが移動して伝播する距離はきわめて長距離におよんだ。先史時代のヨーロッパでは、はるかにさかのぼった時代から、これこれの種類の矢尻やら矢やら石斧やらを生産する工房があって、機能していた。オーストラリア原住民にかんする文献を援用してみれば、いかにしてこの取引が機能していたのかを思い描くことができる。その取引から、原材料を保有すると同時に、それを道具に加工する技術をも有していた部族に対して、どのような威信（しばしばそれは呪術的な威信であった）が生じていたのかを思い描くことができるのである。

技術のあり方について、このような間社会的な取引という一面はきわめて高度に発達したので、現今のソヴィエト・ロシアにおいては、哀れな農民たちがもっとも未開の農耕に漸次的に回帰しているほどである。農民たちは、外国からすべて移入された耕作道具を用いており、それがどんなに平凡な道具であっても、それらを修繕したり、よりよい状態に維持管理することができなくなっているのだから。

けれどもこれは、技術の借用と普及の現象それ自体ほどには重要ではない。通常、社会というものは、労働力や意欲や原材料を欠いているのでないかぎり、そして偏見がないかぎり、自分がすぐれていると認めた技術であれば進んで努力をし、それらを取り入れたり、自分のものとしようとしたりするものである。むしろしばしば、そうせざるをえない。とくに軍事的な分野においては。軍備において優越しているということによって、当該社会は他の社会に対する生殺与奪の力を付与されるものなのだから。だが、もっとも頻繁に問題となるのは、たんなる利得である。今よりもよい生活、安逸な生活の希求である。この点で経済的な制約がほとんどなくなったのは、コミュニケーション手段(海を通じての、陸を通じての)が発達を遂げ、貨幣が発達を遂げ、世界市場が構成されるようになってのことにすぎない。不当なまでの貧困に陥らないためには、どの国民も他の国民と足並みをそろえ、他の国民の技術水準にしたがわなくてはならなくなった。ただし、このような目的が自覚的に追求されはじめたのは一六世紀以降のことにすぎない。このとき、大規模な通商と大規模な資本主義が最初の発達を見せた。それも、当時の極度の保護貿易主義にもかかわらずであった。国家と国家とが富を獲得するために国家機密をめぐって争うこととして変化を経験したのだったとしたならば(原文は理解困難。フルニエとテリエの校訂版も草稿の記載が不確かであると注記している)。このとき以来、すべての大規模な産業文明は間国民的になったということができる。戦争前には、世界中で産業が画一化するようになり、対等なものとなり、拡散し、多様な展開を遂げるようになっていた。技術の交換と、それを通じた生産物の密な交換があり、互いが互いを可能としていた。世界大規模での産業が生まれつつあった。生産物と原材料とが世界大規模で交換されることによって、それが可能となっていたのであった。

ミュッセが揶揄した「キャベツ畑」の夢があまねく実現されていた（一九世紀フランスのロマン主義作家、アルフレッド・ド・ミュッセの詩『ナムーナ』に、「他人をまねしてキャベツを植える」とある。詩人のことばは先人のことばを模するものであり、キャベツを植えることでさえ他人の行為に範をとることであるという文脈である）。技術の借用の重要性、そしてそこから導きだされつつあった人類への恩恵は、いくら強調しても強調しすぎることはないであろう（文学者とナショナリストはこのことに留保を付しているが、何とも馬鹿げたことである）。人類の産業が歩んだ歴史は、本来的な意味で文明が歩んだ歴史であり、その逆もそうである。産業技術の発見と普及、これこそが過去の進歩の根本なのであったし、いまでもそうなのである。これこそが諸社会の進化を可能としてきたのだ。いいかえるなら、生活がますます幸福になり、そうした生活に浴する大衆《マス》がますます数を増し、そうした人々が展開する地表面がますます広範囲になることである。そうした生活こそが、諸社会の発展を通じて、理性・感受性・意思の発展をつくりなしたのだ。それこそが、近代人を動物のなかでもっとも完璧な動物となしたのだ。それこそが、古代劇のプロメテウスなのだ（ギリシア神話の神であるプロメテウスは天上から火を盗んで人間に与えた。粘土から人間を創造したとも、人間に技芸を教えたともいわれる）。そうした生活に思いを馳せつつ、アイスキュロスの見事な詩行を読み直してみよう（アイスキュロス『縛られたプロメテウス』。このなかに「人間のもつ技術《わざ》［文化］はみなプロメーテウスの贈物と知れ」［呉茂一訳、岩波文庫、四四頁］とある）。そうして次のようにいおう。それこそが人間を形成したのである、と。陽の光のささない洞窟に巣食っていた無力なアリ、目にしているものが見えなかった子ども、耳にしているものが聞こえなかった子ども、生涯を通じて自分の像と夢想のなかの亡霊とを混同していた子ども、そうした者どもを人間として形成したのである、と。そのためにこそ、人間は神々と肩をならべるようになり、神々を恐れさせている。それこそが、いささかの疑いもなく、人類が今や苦闘している精神的・物質的な危機から人類を救ってくれることであろう。かつて人類は悲惨と危険から、蛮行から、救われたのであった。それというのも人類は、家畜獣と栽培植物を手に入れ、それを伝播させ、みずからの用途に合わせて土地そのものを徐々に開発したからである。人類はこうしてみずからの、そして自分の運命の主人となったのだった。人類の科学と産業は不可避の宿命などよりも優越している。不可避の宿命などに従属することはない。人類は神々と手を切り、天上および地上の暴君たちと手を切った第三の神なのだ。人類に共通の財産《パトリモワン》とは、土地や資本以上のものである。それらから利潤を生むようにする技や生産物の宝庫以上のものである。それは、こうした技や生産物についての知識であり、それらの伝承なのだ。それこそが人類をあらしめる。それも、間国民的に文明化された人類をあらしめるものなのである。

三　審美性

けれども、本質からして間社会的な現象としては、経済的現象と技術的現象と、この二種類しかないわけではない。審美的な現象、美術も、同じように間社会的だからである。おそらくは古代からずっとそうであった。少なくとも、現代においてもっとも未開な社会で起こっていることを見るかぎりでは、そう判断できる。オーストラリア原住民は(そしてこのことはすべてのオーストラリア原住民にあてはまるといいたい)、詩と音楽と舞踊からなる演劇芸術の一大体系を有している。これは、シドニーの部族語から借用したコロボリー(*corroboree*)という名称で呼ばれている(モースと同時代のオーストラリア先住民研究者ホウィットの綴りは“corroboree”である。A. W. Howitt, *The Native Tribes of South-East Australia*, Macmillan & Co., London, 1904)。このコロボリーが、きわめて遠い距離を移動伝播するのである。いくつもの演者たちの一団があって、それらが部族から部族へとコロボリーの稽古をしつつ、それを教えて回る。別の一団があって、そちらのほうは教わりにやってくる。しかも、ときには驚くべき敏速さで習得するのである。説話や伝説もこのようにして移動伝播した。民俗学者のなかには、すべてにおいて借用を見る人々と、およそあらゆる類似性は人間精神の斉一性の証拠である（それゆえ類似性は、同じ原因物が人間精神のうちに同じ印象を生みだすということの証左である）と見る人々とがあって、論争をおこなっている。確かにわたしは、ここでそうした論争のなかで立場を明らかにしたいとは思わないけれども、ありとあらゆる芸術の形態は、ときとしてさまざまに異なった文明にまでおよぶ、きわめて大きな広がりをもっているものなのだ。

一つ好適な事例を取り上げよう。楽器である。楽器のなかでももっとも原始的な楽器である楽弓（弓に張った弦をはじいたり叩いたりして音を出す弦楽器）とパンフルート（長さの異なる中空の管を音階上にならべて束ねた笛。パンパイプとも）、これらが浸透しなかった地域があるだろうか。これらは多くのものをともに伝播したのではなかったか。集合的心性でさえをも。音符という観念もこれらとともに移動伝播したが、その観念は芸術史において非常な重要性をもっているのではないか。のちになって、調弦の法則を発見したことが和声の観念や律動の観念、その他の観念を基礎づけたが、この発見は人間精神の歴史において決定的なときを画すものではなかったか。ギリシア人と中国人と、ほぼ同じ時代のことである。ギリシア人はピュタゴラスを中心として、中国人は孔子を中心として、それぞれに社会生活における音調《トン》の正確さと一致《ユニソン》と調和《アルモニー》についで同じ語法で語っていたのだ（『礼記』およびフィロラオス）（『礼記』は儒教の経書で、主に礼の倫理的意義を解説した古説の集成。その第一九篇「楽記」は音楽理論を説く。フィロラオスはピュタゴラス教団に属する数学者・哲学者）。集合的起源を有する理性とわたしが呼んでいる理性それ自体にしても、それが集合的起源をもつのは、たんにそれが一つの社会の内部で協働し、自分たちの経験で得たことを相互対照している人間たちの所産であるからというだけではない。それはまた、高次の次元において、それが数世紀にまたがって経験を比較対照する協働関係の所産でもあるからである。こうした技術的な借用および審美的な借用というものは、必ずや観念をともに伝達する。さまざまな観念が移植され、開花し、発展し、もともとの出発点に回帰したり、最初とは違う形態で戻ったり、あるいは他の諸観念と結合したりする。そのため、何らかの絶えざる調整、こうした移動伝播からの反作用や他所の要素が果たす寄与は、まさしく人間理性にとって本質的な手段なのである。人間理性が、科学が、明確なものとして顕現し、国民の誤りを濾過し去り、他の国民からの恩恵を吸収し、結局のところは人類にとって本質的な宝を、人間の知とその法則を、つくりだすための本質的な手段だったのである。

　わたしがここで記述しているのは、結局のところ地中海世界における科学の起源と、それに発する科学の歴史である。この主題についてはいまだに多くの問題が解決されずに残っているけれども、いかにしてギリシア人が小アジアの人々、とくにフリュギア人

（フリュギアはアナトリア半島中西部の古代地域名）やカリア人（カリアはアナトリア半島西部の古代地域名）を仲立ちとして、エジプト人やカルデア人（紀元前一〇世紀以降にメソポタミア南東部に移住したセム系遊牧民。紀元前七世紀に新バビロニア王国を建国）の測量士が有していた幾何学や、カルデア人の占星術師が有していた占星術や、アラム人（紀元前一四世紀初頭にシリアおよびメソポタミア北部に定着したセム系の人々）が有していた算術を役立てることができたのか、そしてまたフェニキア文字を役立てたのか、などなどについて垣間見ることができるようになりはじめている。わたしたちの科学の起源にかんする研究はまだ端緒についたばかりである。おそらく、新しい文献が研究を一新させることだろう。たとえば、最古の時代のサンスクリット文献の研究がそうである。サンスクリット文献においては、インドの科学を基礎づけていた未開の諸形態がギリシアよりも長く残存し続けたからである。とくに、原典文献をもとにした天文学と医術にかんする研究がそうだ。ギリシア人にとって出発点となった原典文献（ギリシア人はそれに合理的な形態を付与したのだが）にかんする研究である。この点についてまず指摘されたことの一つは、ヒポクラテスの誓い（医師の職務や職業倫理などについてのギリシア神への宣誓文）が、シャンカラのアイネヴェーダ（原文ではAynevedaだが、フルニエとテリエの校訂版には「アーユルヴェーダ[Ayurveda]」とある。アーユルヴェーダはインドの伝統的医学で、心、身体、行動と環境の総合的バランスを重視。ペルシア、アラビア、ギリシア、チベットなど、各地の医術と影響関係にあった）の冒頭の宣誓文と同じであるということである。エフェソス寺院の諸儀礼（エフェソスはアナトリア半島にあるイオニア人の古代植民都市）は最古の医師たちの儀礼である。このように科学の発見が人類に共有されるようになるという事態が恒常的に生じたとしたら、どうだっただろうか。国民の障壁なしに、宗教的対立なしに、蛮行の時代に後戻りすることなしに、アルキメデス（第二次ポエニ戦争でローマ軍によって殺害）やラヴォワジエ（近代化学の創始者。フランス革命中に処刑）の殺害なしに進んだとしたならば、どうだっただろうか。科学も哲学も理性も、今日と比べてはるかに大きく発展していたことであろう。貴重な伝承物、価値の計り知れない手稿類、稀少かつ重要な諸技術のなかには、繁栄していたさまざまな美術工芸の学派や学術の学派によって生みだされながら、いまだに再発見されぬままになっているものがじつにたくさんある。もしこれらのものが、例の蛮行の初期において破壊されることがなかったならば（諸社会はこうした蛮行をときに面白がっているように見える）、わたしたちの知は、わたしたちの感性は、わたしたちが世界に対しておよぼす統制力は、そしてわたしたちがわたしたち自身に対しておよぼす統制力は、どれほどの高みにまで到達していたことであろうか。

　しかしながら今回は、今次の戦争においては、人類は人間のより偉大なものに対するある種の侵犯を強烈に拒絶したように思われる。そして、人類美術とか人類科学とか人類哲学とかといった観念が、つまり一言でいえば理性という観念が、危機に満ちた動乱のなかからいまだ傷をこうむることなく、むしろ成長したかたちで出てきているように思われる。ナショナルな渇望と利己主義は、この点にかんしてはいくつかの宣言文においてしか表明されることがなかった。これらの宣言文は非難されるべきであるが、距離を置いて見てみるなら、むしろ嘲笑すべきものと見えるであろう。たとえばそれが、ドイツの九三教授の宣言（第一次世界大戦のさい、戦争を肯定した九三人の知識人の宣言）であり、いくつかのアカデミーの宣言なのである。

四、宗教、

国民よりも上位にある人類という意識を形成するには、たとえそれが強力に個別化の進んだ近代的な国民の精神においてであってもそうした意識を形成するには、技術と、おそらくはそれに続く芸術や科学だけが関与したわけではなかった。きわめて注目すべきことに、宗教においても、さまざまな宗教とその代替品としての哲学においても、人類というこの観念が、すなわち、いたるところで同一であって、同等の尊厳を有し、同等に尊重すべき人間という観念が、まずもって進展したのであった。そこにおいてこそ、普遍主義が定位されたのである。そこにおいてこそ、東洋の大規模な諸国家が形成される時期に仏教があらわれ、カーストや人種や宗教や社会の違いを問わず、人間の人間に対する愛が最初に説かれたのである。仏教の直前にあった諸宗教や、仏教と同時代にあった諸宗教のなかで、もっとも進歩していたものでさえ、奇妙なまでにナショナルであり、さらにはナショナリストでさえあった。孔子にしろ老子にしろ、中国人に対してしか教えを説かなかった。預言者たちはユダヤ教徒に対してしか未来を予見しなかった。ゾロアスターはペルシア人に対してしか、そしておそらくはメディア人に対してしか、革新をもたらさなかった。オルフェウス（ホメロス以前最大の伝説的ギリシア詩人）もピュタゴラスも、ギリシア人に対してしか語りかけなかった。これらの宗教がいかに人間的な原理を有していたにしても、また、これらの宗教がいかに高邁で普遍的な言辞で語っていたにしても、それらはある特定化された人々に対してしか適用されていなかったのである。これらの諸宗教のなかに布教熱や救世主信仰があった場合でも、それは優越した法を他の野蛮な民に恵み与えることとして構想された。そのとき野蛮な民は、この優越した法に服すべきものとして、鉄と血によってでも服すべきものとして、捉えられたのであったし、二流の信徒として、民族的《ナショナル》な信徒団体のようなものとして、受け入れてやるものとされていたのである。したがって、動揺や対立が生じて、これらのナショナルな宗教のなかから三つの普遍主義的な宗教が生まれたというのは、一見すると説明するのが難しい。仏教とならんで、キリスト教とイスラームが、すなわち、人間としての人間を救済する三つの宗教が生まれたのだからである。

その一方で、ナショナルな宗教といわれる四つの宗教（フルニエとテリエの校訂版は「四つの[quatre]宗教」ではなく、「大きな[grandes]宗教」という綴りを採用している）に先んじていたさまざまな宗教システムや、むしろそれらに随伴していたとすらいえるさまざまな宗教システムについてもっと深く検討してみると、次のことに気づかされるだろう。宗教的な普遍主義というものがどのような基盤の上に確立されたのかということ、人類が人類自身を意識化したその最初の形態である宗教的な普遍主義がどのような基盤の上に確立されたのかということ、これである。宗教というのはいつの時代にあっても、相互に浸透しうるものであった。ただし、そうであるのはある一定の仕方によってであった。第一に、説話や伝説や神話が移動伝播し、相互に借用される。こうした借用のもっとも顕著な事例の一つは、古来からのローマ人が群れをなし、ローマ人であるにもかかわらず、オリュンピア神話を丸ごと狂信的に信奉するようになったさいの借用である（オリュンピアは、ギリシア北西部にあったゼウスの神域で、ゼウス信仰の聖地）。ローマ人の神々とオリュンピア神話とは何の関係もなかったにもかかわらず、である。聖書の歴史書を編纂した人々にとって、イスラエルの歴史は士師記から列王記の最後にいたるまで、ヤハウェ（旧約聖書における古代イスラエルの唯一神）に対して不実であり、つねに外部の神々をあがめるよう誘われた民の過ちの連続にすぎないことを思いだしておきたい。なぜならば、移動伝播したのは神々だけではないからである。神々とともに信仰までもが移動伝播したからである。先ほどわたしは、オーストラリアにおいて未開形態の演劇芸術が移動伝播したことに言及した。しかし、そのときすでに、これらの演劇の多くは同時に宗教的な性格をもち、宗教的な基盤をもち、宗教的な形態をもっていることを明示することもできた。これによって今や以下のことが明らかになっている。オーストラリアの中央部と東部の全体にわたって民族誌学者たちが観察してきたモロンゴ低地（フルニエとテリエの校訂版では「モロンゴ」［Molongo］でなく「モロングロ」［Molonglo］）のコロボリーは、その効力によって、ヨーロッパ人が現地人にもちこんだある種の病と死をヨーロッパ人に与えることができるということがそれだ。きわめて未開の社会機構や、さらには都市国家の場合であってさえ、その必要不可欠の部分をなしている義務的な信仰——現地人の神々の信仰——を別にするなら、それ以外の信仰のなかにはつねにいくつかの特殊な信仰があって、そちらのほうは最古の時代から、あるいはもっとも未開な社会において、借用され、伝播してきているのである。インディアンの全体において、そして北米極西部《ファーウエスト》地方の平原全域において、「太陽踊り《サンダンス》」や「蛇踊り《スネークダンス》」が綿々と広まっているのがその例である。地母神信仰もバッカス信仰も、トラキア神も、古代世界の諸々の神秘も、イシスとミトラの神秘もキリストのそれも、これらはみな、そうした特殊な信仰にほかならない。現在においてもなお、中国と日本では仏教がそうである。中国人と日本人は、古代インドにおいて人々が仏教を信奉していたのと同じように仏教を信奉している。つまり、ナショナルな宗教は別にあり、ナショナルな道徳も別にあって、それらはそれらで保持してきたのだが、それに加えて仏教も取り入れたということである。間社会的な現象は、一般にいわれているよりも頻度が高いし、重大性も大きいのだ。西アジアは二千年以上ものあいだ、一種の坩堝《るつぼ》であって、これらの特殊な信仰がそこで混ざりあうとともに、そこからマニとマニ教（三世紀にペルシア人マニが唱えたキリスト教系の混淆宗教）が広がり出て、中国から南フランスにまで移動伝播したのである。混淆して成長するというのは、宗教のそもそものはじまりからのことである。そして宗教も、他のすべての制度と同じように、諸制度のただなかで変転する。道徳的、形而上的、形而下的、神話的、呪術的なさまざまな観念のただなかで変転し、それらの制度や観念が宗教を支配し、宗教を変化させるのである。ところがこうした観念それ自体が、その本質からしてきわめて広範におよぶものであり、超社会的・超国民的なのだ。古代世界がある統一性を形成しはじめたその時代、つまり紀元前一千年紀から、そうなのだ。ゾロアスター教の革新はギリシア人にも知られていた。だがそれは、革新が起こってすぐのことであった（ゾロアスター教は古代ペルシアで紀元前六世紀頃に成立したとされる）。ギリシア人が密儀神ミトラを取り入れるはるか前にであった（ペルシアの神、ミトラに対する信仰は西ヨーロッパ各地に広まり、キリスト教化以前の古代ローマで隆盛となった）。また、プラトンはアルメニオスの子、エルが死んだのちに生き返ったと述べているが（プラトン『国家』第一〇巻614B）、このプラトンにおける魂の転生の基底にあるのが仏教ではないなどと、わたしたちに思わせるものは何一つとして存在しないのである。

こうした環境はすでにしてコスモポリタン的なものであるが、このような環境のなかでこそ宗教的なコスモポリタニズムが成立したのである。キリストがたんなるイスラエルの救世主でなく、異邦人たちの救世主ともなったのは、キリスト教がパウロとともにユダヤ地方から外に出たときであった。イスラームが預言者の国民だけにでなく、世界全体に救済をもたらすようになったのも、これと同じようにしてである。他方で仏教は、インドで生まれ、インドから外に出ていったものの、ことばの本当の意味で宗教になることはなかった。なぜなら仏教において、寺院は仏陀によってみずからを救済することを決意した僧侶たちだけから構成され続けたからである。僧侶たちは、すべての人々に対してではなく、仏教に帰依した者たちに対してのみ、解脱と観想生活を呼びかけていたのだからである。したがって、宗教的な普遍性を志向すること、そして神を人間に擬することは、本質的にコスモポリタニズムと個人主義の原因であり、かつ結果なのだ。そこにおいてこそ、個人という観念が社会の被膜から純化されて取りだされてきたのだし、人間は自分自身を意識化することになったのだ。宗教的な間国民主義がさまざまな試みをなしている現状について考察するときに、この主題については立ち返ることとしたい。

五　法

法的な現象は、すでに見たとおり、言語と同じく借用されることのもっとも少ない現象の一つであり、所与の社会をもっとも強く特徴づける現象の一つである。だからといって、それを誇大に捉えてはいけないのではないか。わたしは細心の注意をもって、以下の二つを区別した。一つは所与の社会のシステムである。すなわち、社会の基底となる機構であり、社会に備わり、社会がみずからに付与している構造を倫理的な規範へと翻訳する仕組みである。もう一つはそれを構成しているさまざまな制度である。そして、こちらのほうは、きわめて未開な社会であってさえ、借用され、伝播するのである。同時に諸社会は一様化しようとし、法的・倫理的な進歩を図ろうとしてきており、そのために努力を払うということは公的生活のきわめて特徴的な一特性となった。とりわけ、ヘレニズム期の諸要素の混淆《サンクレティスム》以来、そうである。事例には事欠かない。オーストラリア原住民のなかには、婚姻クラスのシステムをつくりだした人々がある。これについては近年議論がおこなわれてきた。他方で、別のオーストラリア原住民はこのシステムを完璧にし、多様な親族(女方、男方、クラスの、胞族の、など)からの要請に対して、未開ながらも洗練された仕方で応えてきた。双方の人々ともが多様な人々の層に属しているのではないかという問題はある。だが、この問題についてどのように考えようとも、オーストラリア大陸の全体にわたり、互いに強く孤絶された諸部族は、にもかかわらず同一の方法によって区分されてきたのであり、その区分に対して同じ固有名詞や同じ規則を採用してきたのであることは、疑いを入れないのである。

さまざまな制度からなるシステムが拡大するということは、興味深いことであると同時に重要なことでもある。なぜなら、こうしたシステムは部族の全体を本当に活気づかせるからであるし、北西アメリカのポトラッチ(potlatch)(北米の太平洋岸北西部の先住民がおこなう贈与儀礼。贈与と反対贈与との競覇的な性格を有し、モースが「贈与論」において考究した)のシステムのように、部族どうしを対抗させあうことさえあるからである。したがって、制度からなるシステムの拡大は、これもまたきわめて興味深いことがらであるし、これまでと同じく指摘しておくことができるものなのである。太平洋岸の豊かな諸部族(島嶼やロッキー山脈の斜面に暮らし、ヴァンクーバーからベーリング海峡にいたるまで長大な範囲に分布している)においては、冬季を通じて祭宴がおこなわれる。いくつかの部族はこの祭宴のことをポトラッチという名前で呼んでいる。この祭宴では、ありとあらゆる事物、儀礼、富、女性、権利、席次、役職、名前、さらには霊魂までもが、常軌を逸するまでの交換と競合の対象とされ、給付と賭けの対象とされる。そこで対抗しあうのは、それぞれの首長によって代表されたクランとクランである。さまざまなクランに属する人々どうしである。部族と部族である。ところが、これらの部族だけではないのだ。北のエスキモーや南のセイリッシュも、この慣習を模倣しはじめたからである。わたしはまた、この制度がメラネシアにも同じように広まっているのを見いだした。わたしたちは、ギリシアにおけるある種の社会の区分形態が拡大し、ローマやその他のところに広まったことを知っているけれども、したがってこうしたことも文字どおりに受け取ってよいのである。たとえば、部族への区分と、それに対するクランへの区分であるとか、平民――プレートス（plēthos）――の制度化（集団として投票する）であるとか、こうしたことは古代文明の決定的な歴史的瞬間だったのである。民主制という観念が広まったのはそこにおいてであった。また、そういう次第で、現代において議会制にかかわるさまざまな制度が広まっているのである。議会制への性向にもっとも乏しい人民のうちにまで広まっている。逆に同じように、わたしたちの目前には反議会主義を主張するさまざまな観念が広まっている。それらはソヴィエトの諸制度の外見をまとっているが、ソヴィエトの諸制度というのはすなわち、市民とは何で民主制とは何か、さらには法とは何かさえ一度も知らずにきた一つの社会、一つの国民が、何から何まででっち上げた制度なのだ。

じっさい、法的な諸制度は今や統一化し、均質化するという顕著な傾向を示していると見なすことができる。それが流行だからではまったくない。そうではなく、一定の経済的・審美的・政治的レベルに到達した国民にとっては、自分たちの倫理と法を互いに調和させあう必要があるからなのだ。国民間で締結された諸条約のなかには、芸術や文学や工業の分野での所有権にかんする条約のように、このようにいくつかの事象が呈する間国民主義的な状況を示すものがある。その一方で、これらの国民間条約のおかげで、さまざまな国家は結局のところすべて、同一の法原理を採用するよう強いられているのだし、さらにいえば、同一の法解釈を採用するよう強いられてさえいるのである。こうしてロシアは、ベルヌ条約に加盟するために、自国の文学的所有権にかんする法を変更しなくてはならなかった。けれども、こうした動向がとりわけ顕著なのが政治的なことがらにかんしてである。のちに見るように、民主主義的な大きな国民は、みずからの政治的生の諸原理を押しつけただけではなく、世界中でそれが適用されるよう監視すると主張しさえしたのだ。じっさいわたしたちが生きている時代というのは、きわめて活発な現実化の時代であって、あらゆる集団は、あらゆる場所でほとんど同じ仕方で提起されている諸問題と対峙し、それへの解決を探し求めているのだし、そこにおいてあらゆる集団は、互いに他の集団の法的・経済的な経験から学ぼうとしているのである。この点については、社会主義に関連して、そしてまた他の多くの論点に関連して立ち返ることになるだろう。先の忌まわしい戦争の前には、ヨーロッパおよびアングロサクソンの法が急速に統一化しつつあるのを、それも理論面でそうであるのと同じく実践面でもそうであるのを、観察することができた。戦争はそれ自体としては後退をもたらしたが、結果的にはおそらく、西欧の文明化された世界における諸法の統一化を加速させることになるであろう——間もなくそうであることを証明しようと試みるつもりだ——。そのため以下のようにいうことができる。さまざまな国民が対立と個別化に向かい、その傾向がますます強くなってくるのは、倫理的・精神的にであって、法的・政治的にではないのである、と。国民の構造、国民の基底となる機構は実際上、日々ますます似たものとなっている。国民どうしの協調が確立されるとするなら、それは確かに同等のものどうしのあいだにであろう。

六　言語にかかわる諸事象

一般的にいって、他のどんな事象にも増して国民どうしを対立させる社会的事象の第二のグループは言語である。語彙や単語、文法、統語法、形態論、音声学である。人種《ラース》と呼ばれる大きな人々の塊《マス》も、大きな国民も小さな国民も、それらが相互に浸透不能であるのは、まったくそれらが有する言語によってであり、それらが有する言語のためなのである。それらの真の心性はじっさいのところ、その言語を知らない人には閉ざされている。ラゲール（社会主義の弁護士・政治家であったジョルジュ・ラゲールのことか）はよく知られた一節で、人格が一人ひとりに個別化しているところからくる眩暈について述べたけれども、このことは近代的な集合体が有する個体性についてもあてはまる。誤解と無理解とが常態であるかぎりにおいて。理解ということばの絶対的かつ倫理的な意味において、人は相互理解にいたることはないのだ。そこから幻想が生じるのである。すでに見たとおり、言語こそが人種《ラース》の最良の指標であるという幻想が。

ところが、社会間関係のあり方こそが、言語にとっての主要な因子の一つだったのだ。言語というものは――社会的な現象として――、それを話す社会とその近隣の諸社会とのあいだの関係によって、まさしくいつの時代も支配されてきた。これからもずっと支配され続けることであろう。言語学におけるメイエ氏（ソシュールやフランス社会学派に大きな影響を受けたフランスの言語学者）の学派は、ますます多くの重要性を借用に付与する傾向を強めている。社会から社会へ、言語のきわめて多様な要素が借用されることをより重視する傾向を強めている。それこそ、言語現象のうちでもっとも本来的な意味での社会学的な部分の一つであるとさえいえる。

このように社会が社会に対して影響をおよぼしあうことの古典的な例がある。それはまた、さまざまな人間集団が継起的に、そしてまた同時的にさまざまな層をなし、お互いに働きかけあうことによって一つの社会が形成されるにいたるということの例でもある。それが、英語の形成とイギリス文明の形成である。イギリス人という一大集団に、ありとあらゆる小集団が重なって加わってゆく——ケルト系の侵入の最終波よりも前の時代について問題にするのはあきらめよう——。これらの小集団は、あるところでは固まって集住しており、別のところでは拡散しているけれども、大規模な人の移動に由来するものではない。まず最初がアングル人とサクソン人の集団である。それからノルマン人とデンマーク人の集団である。最後に、フランスノルマン人の集団である。これがイギリスの真の歴史だった。それはまた言語の歴史でもあった。ブリトン人集団はみずからの言語を放棄してアングロサクソン語を採用したけれども、それでもそれを発音するときにはみずからの流儀によっていた。たとえば、グレートブリテンのケルト系諸方言が有していた(今でも有している) *th* がそうである。ブリトン人集団はまた、ごく少数ながら一部の語彙を保持しており、形態論と統語法を当然のように単純化していた。次にきたのは東からのノルマン人とデンマーク人の侵入であった。この侵入の痕跡は語彙のなかにしかほとんど見ることはできない。それも、より特定するなら、法と技術、とくに海洋技術に対応したいくつかの要素のなかにしか見ることはできない。最後にきたのがノルマン人である。じつのところこれは、ガロ＝ロマン人（ガロ＝ロマン時代は、カエサルによるガリア征服後、ローマ人が大土地所有者としてガリアに移住した時代であり、ガリアにローマ文化を移植したこれらの移住者たちをガロ＝ロマン人と呼ぶ）を祖先とする純粋フランス人であって、彼らが一握りのノルマン人（すでに多少の違いはあれ混血化していた）によって束ねられ、連れ回されていたのだった。ウィリアムその人が四人に一人しか純粋ノルマン人の祖先をもってはいなかったのだから（ウィリアム一世征服王はノルマンディー公であり、一一世紀にノルマンディーからイングランドに侵入してノルマン王朝を開いた）。ノルマン人が到来した途端に語彙が変化し、増大し、それに見合った規模で変容を遂げた。そして、英語と、それと同時にイギリスが、形成されたのである。英語に固有の特徴をともなって。すなわち、語彙は多くの部分がラテン語系で、ゲルマン語系の動詞をもち、音声学は独自のもので、性数変化がほとんど消失するという特殊な形態論を備え、未開の古層の痕跡をもはやほとんどとどめていない統語法をもった言語が形成されたのだ。この類の事例は枚挙に暇がない。

　そもそもこうした視点から、接触や重層化、混合や混淆や配合に直接的に関係するような生理学的次元の諸事象を再び取り上げることが有益となるのではないだろうか。そしてまた、たんなる言語借用の研究だけでなく、また言語学的事象一般の研究だけでさえもなく、すべての心理学的事象（フルニエとテリエの校訂版は「心理学的事象[faits psychologiques]」に代えて「生理学的事象[faits physiologiques]」を採用している）の研究を再び取り上げることが有益となるのではないだろうか。そうすればおそらく、以下のことが分かるものと思われる。これまで、いわば自律的で独自に定められた変化の所産であると考えられてきた事象の多くが、逆に多様な社会が社会間の関係のうちに置かれているという事実に起因しているのだということ、これである。わたしたちは通常、国民には独自の特性があって、一種の社会学的な力動性を備えているので、その所産としてあれやこれやの変化が生ずるのだと説明しているけれども、そうした変化にしても、じっさいには他のさまざまな社会が織りなす環境に由来する変化の所産なのである。たとえば、一九世紀のドイツに引き続いて（そのドイツはといえば、それ自身が革命期のフランスにしたがっていたのだが）、ヨーロッパのあらゆる国民は、軍事的な状況ならびに対外的な状況のせいで——資本主義的な状況のせいでではない。そのように主張する人もいるにはいるのだが——、国民の常備軍と大量の予備役を保有することを強いられたのであった。

言語借用の問題に戻ろう。言語借用は言語というものの変転の過程の正常な現象である。だが、とりわけ心性《マンタリテ》の正常な現象である。こうした借用の重要性は、いくら強調しても強調しすぎることにはなるまい。わたしたちは、ロシア人が「レヴォリューツィア」(Révolutsia)(革命)や「コオペラーツィア」(coopératsia)(協同組合)や「インテリゲンツィア」(intelligentsia)(知識人層)と口にするのを耳にすると、笑ったり微笑んだりする。けれども、これらの語は作用力をもっており、語とともに観念以上のものを伝えている。力を伝えている。キリスト教の倫理や形而上学にかかわる語彙にせよ、ギリシアのそれにかかわる語彙にせよ、あるいはユダヤ教のそれにかかわる語彙にせよ、これらもまた力動性のないものではなかった。現在わたしたちのところでは、多くの人々が神秘的な飢餓であるとか、ソヴィエトであるとか、執政共和国(原文は « République des Consuls » であるが、« République des Conseils »「労働者評議会共和国、ソヴィエト共和国」である可能性が高い。フルニエとテリエの校訂版もこちらの表記を採用している)であるとかについて語っている。生産や国際的な交換や集約農業や価格や国際協調について語る人々もいる。そして全員が同じ単語で語っているだけではない。全員が同じフレーズで語っているのだ。

　それというのも、こうして借用されるのはたんに単語であるばかりでなく、表現の全体だからである。ことわざが移動伝播したのは、人類の知恵が拡大した最初の機会の一つであった。わたしは論証のために、比較文学のある理論から結論を借用できればと望んでいるのだが、残念ながらこの理論はまだできあがっていない。ありとあらゆることわざは、説話と同じく、神秘的な「インドの知恵」から借用されたものであるとする諸理論があるが、それらを別にするなら、俚諺や定型表現が移動伝播し、翻訳されてきたことについて、わたしたちはある全体的な見通しの研究を引用することができず、おおいに困っている。だが、このことはやり過ごし、以下を指摘することでよしとしよう。あれやこれやの特定のことわざや教訓話がきわめて広範な分布域を有しているということ、そしてそれらには同等で等価のことわざや教訓話が多数あるということである。そうすれば、わたしたちには旧世界の「知恵」というものがあったということが理解されるようになる。そしてその旧世界の「知恵」は、新世界の「知恵」ともおそらくは無関係ではないのである。

借用は言語にまで拡大する。これは予期せざる事実であるが、しかし事実であることにかわりはない。すでに述べたように、特殊な信仰は借用される。そのさい信仰は丸ごと借用される。演劇的・所作的な儀礼の仕組みが借用されるだけではない。身振りに随伴して歌われる単語やフレーズそのものもまた借用されるのだ。この事実はオーストラリアでは一般的なものである。儀礼を観察した者たちは、全員が一致して次のように述べているからである。すでに述べたこれらの未開演劇のどれか一つが他所に伝播する場合、それはもともとの言語で伝播するのだと。それを創作した部族からの距離がいかに遠かろうと、それを仲介した部族からの距離がいかに遠かろうと、もともとの言語で伝播するのだと。ストリーロ（オーストラリアで活躍したドイツのルター派宣教師で民族学者）がオーストラリア中央部の二つの部族において録音したオーストラリアのリズムがそうである。それが示しているのは、この規則がほとんど儀礼の全体について広大な広がりを有していることである。アルンタの人々がロリツァの人々の数多くの単語、フレーズ、丸ごとの歌を用いている。そして逆もまたそうなのである。ミサがラテン語で唱えられるようになったのは今日にはじまったことではない。オペラはイタリア語で歌われる。「休止《アルト》」(halte)はゲルマン語の単語である（フランス語のhalteは「保つ、もつ」を意味するゲルマン語を語源とする）。特殊な言語表現は社会の境界を越え出るのである。ある社会が新しい技術や宗教や芸術形態を取り入れて自分のものとするとき、しばしば見られるのは、その社会が同時に新しい言語形態や思考形態も取り入れることである。たとえば、修辞学やギリシア論理学や弁論術や詭弁術が今でもわたしたちの心性の基盤にあるようなものである。こうした古い著述家たちの一部でも読み直してみるなら、誰しも驚かされることであろう。何と多くの書物が知られているのかということに。わたしたちの生はその上に成り立っているのだ。

しかしながら、最近になって起こったさまざまな出来事が何らかの反動を生むことになるというのは明らかである。新しく生まれた国民はどれも、国民の言語で書かれたもので一貫しておこなわれる教育をつくりだそうとしている。あらゆる国の古典を大量に翻訳しようとしている。したがって、それらの言語は相互に個別化しようとしている。ロシア語が汎スラヴ的な言語として通用する可能性は、わずか六年前と比較しても、今では小さくなってしまった。ドイツ語はヴィルヘルム二世の指令に忠実なままでおり、ラテン語およびフランス語の単語を用いることを禁止し続けている。料理本においてすら。大きな国民の大きな言語は相互の隔たりを増している。たとえ共通の祖語に由来する言語であっても、言語間の懸隔は方言どうしの懸隔やセム語系のあらゆる言語間の懸隔よりも大きくなりつつある。このような状況にあって、言語がもっと大々的に混淆しあうという可能性を信ずることなどできるのだろうか。一つの普遍言語が形成されるということ、そのことの可能性を信ずることなどできるのだろうか。普遍言語の形成は、すべての人間のあいだの完璧な理解にとって不可欠の条件であるというのに。

この問題について態度を明確にするのは控えておきたい。すぐれた言語学者たち（彼らはまた社会学者でもある)、そして同じようにすぐれた哲学者たちは、一つの普遍言語が創造される可能性を信じている。他方で、ライプニッツ以来繰り返しおこなわれてきた普遍言語創造のさまざまな試行について、それらはみな人為的でその場かぎりの創作物にすぎないとしか見ない人々もある。だが、次のことはまったく明白で疑いの余地がないものと見える。一つの科学的かつ技術的な普遍言語が創造されているということがそれである。それも、さまざまな科学があり、さまざまな技術があって、それらがそれぞれに多様な尺度と方法をもっているのとならんでのことなのだ。こうした言語に加えて、技芸や経済や法の諸形態が拡大を遂げていることは、あらゆるところで同一の特殊な言語を生まずにはいない。もともとの起源となっている文明から用語がたんに借用されているだけであるにしても。たとえば、わたしたちは英語の政治語彙から「パルルマン」(Parlement)(国会、議会の意)という語彙を借用している。この語彙は、「パルルマン」(アンシャン・レジーム下の高等法院のこと。王令の登録権と建白権をもった司法上の審級)がもはや裁判所でしかなかった時代にわたしたちが用いていたのとは、異なる意味で借用されているのだ。じっさい、科学や美術の世界だけにとどまらず、神学においても倫理学においても哲学においても、普遍的に等価な語彙が創造されてきた。イスラームは、そして仏教は、東洋のいたるところに、そして極東のいたるところに、語彙とともに観念を伝達してきた。哲学もキリスト教も（キリスト教は部分的に哲学を引き継いでいるのだが）まったく同じである。しかも、たんに語彙だけではない。定型表現や常套句もそうなのだ。あるいはまた、文明どうしは相互に出会い、相互に補完することができる。少なくともわたしたちの近代語彙のほぼ三分の一は、そしてまた、わたしたちの会話の大きな部分は、同一の格言やら言い回しやらで満ちあふれている。純粋理性・実践理性・人間的判断力の獲得物にほかならない推論やら問題やら解法やらで満ちあふれているのである。観念はただたんに翻訳可能なのではない。観念は同一なのだ。科学と技芸（政治的なもの、倫理的なものを含めて）が大きな発展を遂げ、人類の教育と伝承の成果として美術と理性が大きな発展を遂げている以上、わたしたちの精神の普遍的な部分が一つの普遍言語に到達することがないなどと想定せねばならぬ理由はまったくない。いたるところで等価なものを、言説の細部においてさえ等価なものを、見いだすことがないなどと想定せねばならぬ理由はないのである。いずれにせよ、大陸の全体が、居住民の全体が、たとえばアメリカのように、大多数において二つ、ないし三つの言語（英語、スペイン語、ブラジル語（ブラジルポルトガル語））しか話していないのだから。そして、語族の数も言語それ自体の数も、増加するどころか減少しているのだから。

その一方で、小さな集団や、小さな国民でさえも、現在話されている外国のことばの研究にますます専心するようになっている。大きな国民の言語――媒介言語――の恩恵に浴しようとして、そうする国民がある。通訳も仲介者もなしに直接的に会話を交わそうとして、そうする国民もある。こうしたことから、次のように結論することになるだろう。単一の言語がいつできるかを予見することなど不可能であると。単一言語は、一つの普遍的な社会が形成されないかぎり、確かに不可能であろう。しかし、すべてのことが指し示しているのは、言語の数はまださらに減少するよう方向づけられているということである。たとえば、黒人やメラネシア人やポリネシア人たちは英語を話しはじめているではないか。それは確かにピジン英語（植民地などで英語と現地の言語とが接触してできた混成語）かもしれない。だが、英語であることにかわりはないのだ。そして、一つひとつの言語の内部にあって、まさしく人類にかかわるもの――国民にかかわるものではなく――に対応する部分は大きくなっている。したがって、わたしたちは次のように考えることができる。大多数の人々が、ますます少ない数の言語を話すようになるだろうと。そうなることで、人々はますますよく理解しあうようになるだろうと。そうであるから、言語間の異質性というものは、理性的な部分のこの同質性によって相殺されるようになることだろうし、極言するなら、一つの普遍言語が普遍社会なるものを可能とし、その逆もまたそうであるような仕方を構想することができるのである——百年前だったら、こんなことを構想するのは困難であったろうに——。

国民の心性は、たとえそれが過激なまでに閉鎖的なものであったとしても、じっさいにはかつてないほど相互に開かれたものとなっている。相互的な関係には進歩がつきものであるが、そうした相互作用の一例である。わたしたちが今いる時代は、人類精神の単一性が明確に感知しうるものになろうとしている時代である。国民が、科学と産業と技芸と共同の生の道において進歩を遂げることそのことによって、人類精神の単一性が感知しうるものになろうとしている時代なのである。

すべてのものごとが、国民どうしのあいだの物質的・知的・倫理的関係を目がけ、一致して進んでいる。その関係たるや、強度においても数においても広がりにおいてもいや増しつつある。わたしは、間国民的な諸現象にかんする著作のこの最初の部分を、次のような見解の表明で締めくくりたい。今やエクメーネが一つの世界を形成しているということ。いかなる人民も、他の人民との直接的もしくは間接的な関係をもたないではいないということ。さまざまな衝突や失敗にもかかわらず、進歩というものが、あるいは、もしこのあまりにも楽観的な語彙を使わないとするなら、出来事の継起というものが、借用と交換と同一化をますます増大させる方向へと進んでいるということ。しかも、それは精神的な生と物質的な生の細部にまでおよんでいるということ。

ミュッセがしたようにキャベツ畑を嘲弄するのは、詩人の、しかもブルジョワ詩人の偏見である。文明化された世界こそがキャベツ畑であるかもしれないのだから。第一に、人は現在、これらのキャベツがないのを惜しんでいる。第二に、国民の内部での分業、そしてまた国民のあいだでの分業は、明日の経済と法と技芸の基本原則であるが、そうした分業を通じては、国民と国民とのあいだの、そして国と国とのあいだの多様化という幸福な状態に到達しえないであろうなどと証するものは何もない。そうした多様化こそが、禁制経済・閉鎖経済や、心性と心性とが互いに互いを敵視しあうような状態(というのは、そこにおいてはすべての社会が他の社会抜きで自活しようとし、結局のところはすべての社会がみな同じことをするようになるのだから)に比して、より幸福な状態であるというのに。連帯《ソリダリテ》は——国民にとっての連帯は——、国民内部の人間どうしのあいだで連帯がなしとげたのと同じことをなすであろう。連帯のおかげで、人間は数多くの雑多な仕事を余儀なくされた生から解放されることになるだろう。そうした雑多な仕事のどれ一つにも特化して秀でることができないような生から解放されることになるだろう。そして連帯によってこそ、人間はみずからの個別性の十全たる発展へと到達することができるであろう。

文明——要素と形態

訳者注記――本論は一九二九年五月二〇日から二五日にかけ、国際綜合センターの主催のもとにパリでおこなわれた「文明」をテーマとするシンポジウム週間におけるマルセル・モースの発表である。国際綜合センターは、「科学のために」財団の組織であり、学術ディシプリン間の横断と若手研究者の育成を目的として、哲学者のアンリ・ベールが主宰した学術センターである(のちに高等師範学校に移管される)。モースの発表は五月二四日の午前におこなわれている。シンポジウムの諸発表は、『文明――ことばと観念』と題して出版された論集にまとめられた。

序　論

これから述べることは、もっぱら『文明概念』にかんする長い「方法上の注釈」からの抜粋であります。この「注釈」は『社会学年報』第二シリーズの第三巻に掲載される予定ですが、同じ主題をめぐるさまざまな注釈によってすでに準備されてきたものでもあります。それらについては、『社会学年報』旧シリーズの第一〇巻、一一巻、一二巻をご覧ください。この注釈はまた、考古学者や文明史学者や民族学者たちの包括的研究に対する夥しい量の、そしてまた長々しい書評記事によって、とりわけ『社会学年報』の新旧両シリーズにおける書評記事によって準備されてきたものでもあります。「文化史学」の方法、および「歴史民族学」の方法、それに「伝播」にかんする諸原理を支持する現今の研究者たちは、自分たちの方法と社会学者の方法とを対立的に捉えています。[*1]しかし、わたしの見るところ、それには根拠がありません。これらの理論とその成果について、ここで批判的な議論をすることはやめておきましょう。これらを奉ずる主要な理論家には名だたる学者が名前を連ねています。フォイ氏（文化伝播論にもとづく文化圏を構想）やグレープナー氏（文化圏概念を文化史的な再構成の方法論として彫琢）を支持する人々にせよ、シュミット師（文化圏説を代表するウィーン学派の研究者）を支持する人々にせよ、あるいはアメリカ学派の「文化人類学」を支持する人々にせよ（合衆国流の文化人類学では、北米先住民研究との関連で、類似した文化要素の分布によって地域を文化領域に区分する議論が発達した）、こうした人々をこれ以上批判することも、ここではやめにしておきます。最後のアメリカ学派の人々、とりわけボアズ氏（特定の文化領域における文化要素の前後関係を把握することでミクロな歴史人類学を提唱）と、他方でウィスラー氏（文化領域への区分を博物館における展示法にも導入）は、互いに接触をもちあってきたのが明らかであるような諸社会・諸文明を研究対象としており、また、ヨーロッパの同業者たちよりも明敏でありまして、大仰な仮説を立てることを通常は差し控えておりますし、じっさいにも「文明の層」であるとか、「伝播の中心」や「伝播の圏域」であるとかを、あちらこちらで突き止めるにいたったのであります。

　これらの理論は、とりわけ——そしてあまりにも簡単に——人類進化というものがあたかも一系的であるかのように単純化して考える考え方と対立しています。この点からすると、以上に「召喚した人々《コンパラン》」と同じように、そしてとりわけ歴史学者や地理学者と同じく、社会学者も文明にまつわる諸現象を、人類の一般的な進化という仮説にではなく、さまざまな社会の年代を追ったつながりや、地理的なつながりに結びつけています。

デュルケームにしろわたしにしろ、人類の進化を、人類進化を構成している諸集団の進化（その集団の広がりには大小があるにせよ）と切り離して考えたことは一度としてありません。デュルケームが近代的な夫婦家族をゲルマンの世帯法とローマの世帯法との混淆として説明していたのは、ずいぶんと以前のことです。要するに、その時点ですでにデュルケームは、現在「基層」理論と呼ばれているものを適用していたわけです。そしてまた、メイエ氏が言語学において系譜学的＝歴史学的方法を擁護したのも、今から一〇年以上も前のことでした。もちろんだからといって、メイエ氏は社会学に不義理をなすなどとは考えなかったのですし、じっさい彼は社会学の大家の一人であるのです。

そもそも、学派間の対立などというものは、取るに足らない精神の戯れ事であり、あるいは大学での哲学や神学のポスト獲得争いでしかありません。真に偉大な民族学者たちは、どのような問題を取り上げるのかということについても、また問題に応じて必然的に多様化する方法の、どれを採用するのかということについても、一つの問題や方法に偏しない目配りをもっていました。E・B・タイラーは、しばしば槍玉に挙げられる人物ですが（タイラーはイギリスの人類学者。人類一般の文化進化を構想し、一系的な進化図式を説いた）、その彼にしても借用の歴史にかんする魅力的な研究を公刊しています——のみならず、講じてもいました——。物の分布にかんする最良のコレクションは、疑いもなくピット・リヴァース博物館のコレクションです。これは、ピット・リヴァースがオクスフォードに設立し、バルフォア氏によって運営されている博物館です（ピット・リヴァースはイギリスの民族学者。そのコレクションがオクスフォード大学附属のピット・リヴァース博物館に移管されている）。

結局のところ真の学者たちの大部分は、昔日の大家、アドルフ・バスティアン（一九世紀後半のドイツの民族学者。「民族学の父」と称される。人類に共通の思考の枠組み〔原質思念〕に地理的環境が影響を与えることで個別民族の文化〔民族思念〕が生ずるとした）が主張した三つの原則、三つの主題に忠実であり続けているのです。

一　「原質思念」（*Elementargedanke*）。独自であり、かつ原初的である思念で、集合的精神が自律的に創造したものであるとともに、その集合的精神の特徴をあらわすものです。アメリカの「社会人類学者」たちは、いささか不器用ながら、これを「文化特性」と呼んでいます。

二　「地理的領域」（*Geographische Provinz*）。あるときには境界が明瞭ではありませんけれども、あるときには共通の文明現象や、同系言語や、場合によっては単一の人種によってきわめて境界が明確であるような領域です。こうした「地理的領域」は、数かぎりなく多数であるなどということはなく、近代の諸発見により、その数はさらに少なく見積もられるようになっています。

三 「移動」(*Wanderung*)。文明が移動し、旅をし、栄えたり衰えたりすることです。そして、それとともに、文明の変化(*Wandlung*)が起こります。さまざまな要素を借用したり、そうした要素を担っていた人々が移入したり混淆したりすることによって、さらにはまた、これらの人々の自発的な活動によって、文明が転換するのです。

ですから、学者たちがこうした点について一致していると仮定してみましょう。あるいは、それが事実であると認定してみましょう。そうすると、文明の分析的かつ綜合的な研究はいかにして可能となるのでしょうか。それを見てみましょう。

わたしはここで、文明という語の歴史的変遷やその多様な意味を復習することはしません。この語のすべての意味を批判的に吟味することもしません。文明という観念は、社会という観念と比べれば、確かにあまり明瞭ではありません。文明概念は社会概念を前提として成立しているにもかかわらず、です。そこで、どのような語り方をするべきなのかを明らかにしてくれる(そうわたしが考えている)いくつかの定義を、ごく簡単にご紹介しましょう。

I　文明現象

はじめに、さまざまな社会現象のなかで文明現象の独自性は何であるのかを定義してみましょう。そうすれば次に、それらの事象によってつくられる一つの体系、すなわちある一つの文明が、何であるのかを理解することができるようになるでしょう。そして最後に、この観点から見るとき、文明というこの語をいささか広範に用いるという用法に、たいした不都合なしに立ち戻ることができるとすれば、それはどうしてなのかが分かることになるでしょう。

文明(キウィス *civis*, すなわち市民)にまつわる諸現象は、定義上、ある特定の社会の社会現象であります。しかし、すべての社会現象が、ことばの狭い意味で文明にかかわる現象であるわけではありません。当該の社会に完全に固有で、その社会の独自の特徴をなし、その社会を他から区別するような現象が存在しています。通常そうした現象を見ることができるのは、方言とか、政治体制とか、宗教的もしくは審美的な慣習とか、流行とかにおいてです。長城に守られた中国が長城の外に対するときとか、カースト内におけるバラモンであるとか、ユダの人々がエルサレムの人々に対するときとか、ユダの人々が他のヘブライ人に対するときとか、ヘブライ人およびその子孫であるユダヤ人が他のセム人に対するときとか、これらはそれぞれ相手と区別されていますし、それによって自分たちでまとまりをつくり、他から分離しています。こうした事例によって示されているのは、ある特定の社会に狭く限定された現象を問題とするさいには、文明という語を用いないほうがよいということです。むしろ、端的に「社会」とだけいったほうがよいということです。

しかしながら、この上なく孤立化しているような社会にあってさえも、ある一群の社会的事象があって、それはそれだけを取りだして、それ自体のために研究することが必要であるような事象です。そうしなくては誤りを犯すことになってしまうでしょうし、もっと正確にいうとするなら、正当にあつかうべきものを捨象することになってしまうといえましょう。そうした現象はすべてある重要な特徴をもっています。多少に差はあれ、比較的多くの数の社会に共通している現象であるということ、そして長短に差はあれ、比較的長い期間にわたってこれらの社会に共通であり続けてきた現象であるということ、これです。こうした現象に対して「文明にまつわる現象」という名前をあてがうことができます。

じっさい、社会的現象は二つのグループに分けてみることができます。もちろん、それぞれの量的な大きさを前もって決めてかかってはなりませんし、その相対的な重要性も時代と場所によって変化するものです。一方にある社会的現象は、よそに移動するのに適していませんが、他方にある社会的現象は本来的にそれに適しています。後者のほうは、いうなればそれ自体として、ある特定の社会の境界を越え出てゆくのです。もちろん、その境界そのものにしてからが、しばしば確定しがたいものなのですが。

技術というのは借用の対象となります。ありとあらゆる技術を取り入れることを人々が望んだとしたなら、そうする必要に追われたとしたなら、そうする手段があったとしたなら、現にあらゆる技術が借用されえたことでありましょう。じっさいのところ、技術はつねに集団から集団へ、世代から世代へと移転してゆくもので、このことはわずかの例外は別にして、一般的なことがらです。美術の一部も同じようにやすやすと伝播することがあります。音楽芸術や模倣芸術でさえそうです。しかも、オーストラリア人

（オーストラリア先住民）のように未開な人々においてさえそうなのです。たとえば、オーストラリア人のところでは、現地英語でコロボリー（*corroboree*）（本書一九九頁の割注を参照）と呼ばれるものがおこなわれます。これは一種のきわめて見事な演劇であり音楽であり造形芸術であり、部族の大舞踊会のようなものです。そこではときに、数百人の踊り手＝演じ手が、部族全員の合唱を背景に立ち回ります。このコロボリーが部族から部族へと伝達されるのです。あたかも物のように、所有財のように、商品のように、サーヴィスのように、そしてまた、あたかも祭式のように、呪薬のように、コロボリーは部族から部族へと果てることなくゆだねられているのです。また、黒人の楽隊はかなり広大な範囲にかけて遊動することをつねとしています。グリオ（西アフリカの世襲的楽師で、英雄譚や王家の系譜などの伝承を職業的に継承する）や占師ともなれば、さらに長い距離を移動します。説話は、ありとあらゆる方角に伝播して忠実に語り直されるため、地理的に非常に離れたところで、時間的にも非常に長い期間にわたって、同じ説話を繰り返し聞くことができます。アフリカの貝貨（タカラガイ）、メラネシアの貝貨（*conus millepunctatus*）、アメリカ北西部のミミガイの真珠母を用いた貨幣、赤道アフリカおよび中央アフリカの真鍮針の貨幣は、じつに民族《ナシオン》を超えた広がりを示しています。それどころか、相互に交換もなされるのです。ヨーロッパではすでに中期旧石器時代から、琥珀や水晶や黒曜石が大量に、そしてまた遠くにまで運ばれていたのでした。

社交的な開かれたやりとりという性格をまったく有していないかに見える現象、たとえば秘密結社であるとか秘儀であるとか、そういった現象でさえ伝達されています。北アメリカにおける「蛇踊り《スネークダンス》」の歴史や、プレーリー（北アメリカ中西部の温帯草原地帯）の全域で見られる「太陽踊り《サンダンス》」の歴史は、知られているとおりです。アンリ・ユベール（フランスの考古学者・民族学者。フランス社会学派に属し、モースの共同研究者でもあった）とわたしは、数々の書評記事においてこうした特別な儀礼に注意を促してきました。それらは、多少の差はあれローカルな縛りから解放されており、未開社会とか野蛮な社会とかと呼ばれている多くの社会において、そしてまた古代社会においても、これらが移動することによって、それとともに宗教的・道徳的・科学的な諸観念が伝播していったのです。

制度でさえ借用されます。社会組織の諸原理でさえ外から受け取られるのです。たとえば、政体という観念、ポリテイア（*πολιτεία*）（「国家」の意）という観念は、イオニア世界で生まれ、古代ギリシア全土に広がって、哲学的に練り上げられました。次いでローマに到来してレス・プブリカ（*res publica*）となり（ギリシア語の「ポリテイア」がローマにおいて「レス・プブリカ」と訳された。「公の物」が原義）、さらにわたしたちの諸文明に到達しました（「レス・プブリカ」は「共和政」「レピュブリク」の語源）。この観念は、都市国家の諸憲法や諸憲章に引き継がれ、同じく農村部や山間部の小規模な諸国家《レピュブリク》に引き継がれて、わたしたちの諸文明のもとで再び姿をあらわしたのです。「部族」(tribu)ということばがギリシア語およびラテン語でたどった風変わりな歴史を繙《ひもと》いてみることもできます。このことばは「三」を意味しており(«tribu»の«tri-»は、ラテン語およびギリシア語において「三」を意味する合成語要素)、ギリシア語でもラテン語でも、二分制、四分制、などの組織を指しているのです。軍事的な制度も決まって借用されます。現代のわたしたちにいたるまでそうです。軍事制度は、それと相互的な依存関係にある軍事技術と同じように借用の対象となるのです。ある特定の事象は、それが生みだされた社会を超え、それが生みだされた時代を超えて、広がることがあるのです。

文明現象とは、このように本質的に間民族《ナシオン》的で、超民族《ナシオン》的な現象なのです。したがってそれは、何らかの特定社会に特有の社会現象と対立するものとして規定することができます。すなわちそれは、社会現象のうちでも、多少とも類縁性のある複数の社会に共通した現象なのです。類縁性があるというのは、それらの社会が長期的な相互接触にあったことによるものかもしれませんし、恒常的に媒介するものがあったことによるものかもしれませんし、共通の基層からの系譜を引くことによるものかもしれません。

文明現象は、したがって定義上も本性上も、部族とか小民族とか小王国とか部族連合とかといったものより広範囲におよぶ人々の総体に広がった現象です。たとえば、イロクォイ文明の諸特徴は、イロクォイ系のすべての民族《ナシオン》に共通するものであり、それは五部族連合の範囲をはるかに超えて広がっているのです(イロクォイは、現在のニューヨーク州に元来居住していた北米先住民。一六世紀末頃に部族間の平和を確立するべく五部族連合を組織。一八世紀に入り、六部族連合に発展)。

ここから分かるのは、こうした諸特徴の研究が社会学的な意義をもつと同時に、歴史学的・地理学的な意義ももちうるということです。じっさい、こうした事象はつねに、地表面の上で何らかの広がりをもっています。つまり何らかの地理上の広がりをもっています。それは、単独の社会が有する政治的な地理のまとまりよりも広範囲におよぶものです。民族《ナシオン》よりも広い領域を覆っているのです。その上、他のさまざまな社会現象と同じように、それらは過去に、歴史に、その基盤を有しています。ただし、この歴史的な過去というのがある単一の民族の過去ではありませんし、つねに比較的長大な時間の幅をカバーしているものですから、こうした諸事象は歴史的でもあり地理的でもあるような諸々の連結の証左なのです。そこからつねに、かなりの頻度にのぼる接触があったということ、それは直接的な接触でも、間接的な接触でもあったでしょうが、そうした接触があったということが推測されるのですし、場合によっては系統関係を確実なものとして記述することもできるのです。

こうした事象を観察すれば、それも、それにともなって他のさまざまな歴史的・地理的な事象も観察してみれば、文明と人々の地表面での広がりと、過去のあり方について、地理学的・歴史学的な仮説を補強することができます。それにより、事象が系譜関係をなすことを証することができます。多少なりとも確実と見なすことのできるさまざまな事象系列を証することができるのです。そうした事象系列がなければ、人類の歴史を構想することも、人類の進化を構想することも、不可能となるのです。

ここにこそ、借用の研究、借用の検証が位置づけられます。歴史的な系統関係、すなわち技術やら芸術やら制度やらがどのような系統関係をなすのかについての検証が位置づけられるのです。そして、そうした系統関係の背後にあるのが、共通の原理に起因する独立発生なのか、それとも多少なりとも偶然性をともなった要素移転、ただしつねに特定の社会どうしのあいだに特定の関係が存在してきたことを枠組みとした要素移転なのか、こうしたことに思いをめぐらしたり、それを明らかにしたり、ということができるのです。（借用にかんするこの問いについては、アイゼンシュテッター氏の論考、Eisenstädter, *Kriterium der Aneignung,* Coll. des *Hefte* de Buschan をお勧めしておきます。すでに古いですが、すぐれた論考です。）こうした研究のモデルとなるのは、ノルデンショルド氏（スウェーデンの民族学者・ラテンアメリカ研究者）が南アメリカについておこなった研究です。わたし自身としては、メトロー氏（フランスの民族学者で、モースの弟子の一人。南米先住民地域、イースター島、ハイチなどで調査）のトゥピ文明の諸要素にかんする研究を、ノルデンショルド氏とならんで支持してきました（トゥピ文明には、トゥピ人にもカリブ人にも共通した要素がそもそもたくさんあるのです）（トゥピは南アメリカでもっとも広い分布を示すトゥピ語族［トゥピ＝グアラニ語族］に属する人々の総称）。

文明要素がこのように拡散してゆくことにかんする研究は、しばしば非常に奇妙なものです。うずくまった男性を彫刻した図像（座像 *Hockerfigur*）が分布しているからといって、グレープナー氏（ドイツの歴史民族学者。民族文化の比較研究により文化圏や文化層を設定し、歴史的再構成を図った）がそこから引きだした結論が、すべて推論として妥当であるとは思われません。しかし、グレープナー氏が発見した事象それ自体は疑う余地のないものです。ジャクソン氏は、エリオット＝スミス氏（オーストラリア＝イギリスの比較解剖学者・人類学者。すべての文明はエジプト文明に起源をもつとする極端な伝播論を展開）の流儀により、ホラガイが非常に一般的に用いられていることについて、それをエジプト起源であるものとして解釈しましたが、その解釈が正しいとは、わたしには思われないのです。にもかかわらず、ホラガイが使用されることは、文明現象のうちでもきわめて明白で重要な事象であって、独立発生による事象ではないのです。

じっさいのところ、間民族的な諸現象が織りなす基底があって、そこからさまざまな社会が分離してゆくのです。種々の文明が織りなす基底があって、その上でさまざまな社会が個別化を遂げ、みずからの特異性と個別性を身にまとうようになるのです。さらに注目しなくてはならないのは、こうした文明にかかわる諸特性が、たとえ長期にわたって接触を断たれていても、深部に不変のままとどまり続けることがあるということです。たとえば、ピグミーのなかでもアンダマン諸島（ベンガル湾に位置する）のピグミーは、島に隔絶され、自分たちの言語（それはピグミー諸言語のなかで唯一知られている言語なのですが）を保持し、もっとも純粋なままで保存されてきました（人類学では一般に、平均身長一・五メートル未満の人間集団に対して「ピグミー」の語を適用する。なかでもアンダマン諸島からニューギニア島までの東南アジア大陸部・島嶼部に居住する人々は「ネグリト」と呼ばれる）。ベンガル湾の諸文明は、何千年紀にもおよぶ行き来にもかかわらず、彼らにはほとんど影響をおよぼすことがなかったのです。これとは反対に、マラッカのピグミーたちは（ほかの人々のことは話題にしないとしても）、マレー人やモン＝クメール人のなかで生活をし、自分たちの言語はすでに失ってしまったようです。それにもかかわらず、このマラッカのピグミーたちは、その朋輩であるアンダマン諸島のピグミーたちと同じ物質文明を概ね共有しているのです。

Ⅱ　さまざまな文明、さまざまな文明形態

しかし、みずからの個別性をもち、みずからに定まった形態をもち、他の文明と対立しあっているのは、文明のさまざまな構成要素だけではありません。文明というものそれ自体がそうであるからです。要素を借用したり、要素を共有したり、要素がたまたま一致していたり、こうしたすべてのことがらによってこそ、文明というものは特徴づけられるのです。それだけでなく、別の文明との接触が終焉を迎え、一致する要素の数がかぎられたものとなってゆき、さらには接触そのものが拒絶されるようになれば、そうした事態もまた、当該の文明を特徴づけるようになるのです。

したがって、以下のような定義を提起することができます。ある一つの文明とは、文明現象によって形成される十分な大きさを備えた総体のことです。そのさいの文明現象

とは、十分な数を備えたものでもあり、量的にも質的にも、それ自体として十分な重要性を有しています。文明とはまた、そうした文明現象を示す社会を数においてかなりたくさん含むような巨大な総体でもあります。いいかえるならば、これらの社会は一つの家族をなしているということを明確に示しうるのに十分なだけ、そう感得させうるのに十分なだけ大きく、十分なだけ特徴的な総体であるということです。その上それは、じっさいに構成することのできる家族です。現在の事象や歴史的な事象、言語学的・考古学的・人類学的な事象がそうです。これらの社会が長期にわたって接触しあってきたということや、もしくは相互に類縁関係にあるということを証するようなさまざまな事象がそうです。諸事象の総体が、諸事象が呈する諸特徴の総体が、社会群の総体と対応しあっているのです。つまりは、複数の社会システムを覆うような一種の超社会的なシステムと対応しあっているのです。この超社会的なシステムこそが文明と名づけうるものなのです。

その結果、比較的広範囲な文明であるとか、逆に比較的範囲の狭い文明であるとかを問題にすることができるようになります。さらにまた、さまざまに重なる層であるとか、同心円状に広がる圏域であるとか、などを区別することができます。たとえばわたしは、ずいぶん以前から次のように教えてきました。環太平洋のすべての沿岸地域と、太平洋のすべての島嶼において、きわめて古くから単一の文明が存在してきたと考えることが可能である、と。この文明はきわめて広大な広がりをもつもので、また比較的地味な文明ではありますが、その内部において南太平洋文明と中央太平洋文明とに区分しなくてはならないでしょう。さらに、中央太平洋文明の内部では、マレー゠ポリネシア文明、ポリネシア文明、メラネシア文明、ミクロネシア文明が明確に見分けられます。さらに進んで、これら四つの文明の系統関係について、それらの相互関係について、ありとあらゆる類の推論を組み立てることだってできるでしょう。それればかりでなく、これら四文明とオーストロネシア文明との関係や、オーストロアジア文明との関係や、汎アジア文明との関係についても同じです。じっさいこの広大な地域においては、さまざまな文明どうしのあいだで、多数の要素の一致や、多数の要素の変異があるのです。そしてこれらの諸文明のあるものは、異なる文明が起源においては同一であったことを思わせます。たとえそこに人種上は多様なものが見られる(少なくとも部分的には多様である)場合であってさえ。たとえばメラネシア系で黒色系の人種と、ポリネシア系で明るい黄色系の人種と、といった具合です。あるいはこれとは逆に、たとえば言語が相対的に同一であっても（メラネシア＝ポリネシア語のように。ここではパプア語については考察から外します）、多様性のあることが示唆される場合もあります。キンマやカヴァは、どこを境に用いられなくなるのか（石灰をまぶしたビンロウジをキンマの葉で包んだものは、噛むと神経への軽度な刺激作用をなす習慣性の清涼嗜好品で、これを噛む慣行は東南アジアを中心にオセアニア西部からアフリカ東岸に広がる。他方、カヴァはオセアニアに分布するコショウ科草木性低木、およびその根からつくられる麻酔性のある飲料のこと）、弓や刀、防具や柵、杭上《こうじょう》家屋、などなどの分布の限界線はどこなのか、それを見れば、さまざまな文明を分類することが可能になりますし、ひいてはそれらの文明間の系譜関係について仮説を立てることさえ可能となります。人間集団の系統関係を明らかにする上で、方言学的な差異や類似を見ることが最良の方法の一つであるのと、まったく同じことです。

以上に述べたことから、およそあらゆる文明には何らかの地理的な圏域と何らかの形態とが備わっているということが結論づけられます。

じっさいのところ、文明にはつねに、それが停止する地点、その臨界点、その核とその縁辺とが備わっています。この地理的な圏域をいかに記述し、いかに確定するのかということ、これは歴史学にとって、さらには人間科学にとって、決定的な作業であります。ところが、この地理的な広がりというものは、文明要素や文明現象がこれこれの文明を形態づけるときに、その要素や現象に特有の型、そしてその文明に特有の型、さらにはそれらにのみ特定の型を有しているという印象を人々がもつから、だからそうした広がりが目に入るというだけにすぎないのです。この形態をいかに規定するのかということが、したがって重要になります。二つの項は相互に結びついているのです。およそあらゆる文明は、それが何らかの形態をもっているがゆえにある地理的な圏域を有しています。この形態が観察されうるとするなら、それはまさしくその形態が、この地理的な圏域の上に(それ以外のどこでもなく)広がっているからにほかならないのです。社会現象としてはメタレベルのものではあっても、文明というのはあらゆる社会と同じく、それなりの境界を有しており、それなりの精神を有しているのです。何らかの文明圏を定義するということは、したがって、その文明の形態によってなされるのですし、逆にその形態を定義するということは、その地理的な広がりの圏域によってなされるものなのです。

これらの二つを定義してみましょう。ある一つの文明の形態とは、一定数の所与の社会が共有している、あるいは多少の差はあれ共有している、観念や実践や産物が呈する特有の様相の総和(シグマ)のことです。一定数の所与の社会というのが、この文明の作り手でもあり、担い手でもあるわけです。次のようにいうこともできます。ある一つの文明の形態とは、この文明に形態を与えているさまざまな社会に対して、ある特有の様相を、際立って卓越した様相を、付与するもののすべてなのです。

ある一つの文明圏とは、この総和が分布している地理的な広がりのことです――この総和は、この文明圏の一つひとつの社会に十全に(その十全性には多少の差がありますが)存在しています――。それは、この文明に特徴的なものとして、典型的なものとして捉えられた共通現象の総和なのです。それはまた、この文明の共通の遺産をかたちづくるさまざまな表象や実践や産物を有した社会が生きている、地表面の全体でもあります。

議論を単純化するため、短時間の学術的発表の便宜のため――現今の民族学と歴史地理学のやり方にしたがって――、ここでは文明層の概念は検討しないことにします。もっとも、この概念はたいそう重要なものです。歴史学者たちがさしたる厳密性なしに、様式《スティル》とか時期《ペリオド》とか時代《エポック》とかと呼んでいるのは、これのことだからです。ともかく暫定的な定義を施しておきましょう。文明層とは、ある所与の空間的広がりにおける文明が、ある所与の時間の幅において呈する所与の形態のことである、と。

以上が、事象と課題にかんする主要な細目です。

⁂

形態と圏域という両概念は、ドイツの民族学者たちがいささか大仰な仕方で研究原理として取り入れてきたものです。そこでは二つの学派が対立しあっていますが、一方の側の民族学者たちは系譜をたどるための方法として文明圏を用いています。これに対する側の民族学者たちは、同じ目的のために文明形態を用いています。彼らがどのような過ちを犯しているのか、見てみましょう。

前者としては、フォイ、グレープナー氏、シュミット師とシュミット学派がおり、文明圏《エール・ド・シヴィリザシオン》（*Kulturkreise*）ならびに文明層《クッシュ・ド・シヴィリザシオン》（*Kulturschichten*）という概念を出発点としています（日本語で独墺学派の民族学が論じられるときには、「文化圏」、「文化層」という訳語が定訳となっているが、原文の文脈に鑑み、それぞれ「文明圏」、「文明層」と訳出する）。

ここでは、一つひとつの文明をある支配的な特徴によって規定し、そうすることで、ほとんどもっぱらその文明の地理的な広がりが研究対象とされています。たまさかその時代的な変遷も対象とされますけれど。弓文化（*Bogenkultur*）であるとか、双分クラス文化（*Zweiklassenkultur*）であるとか（社会が二つの婚姻半族に分かれています）、外婚規制をともなわない男系出自文化（*Freivaterrechtliche Kultur*）であるとか、といった具合です。その結果、ナンセンスな所説に、言語表現としてさえナンセンスな所説にいたります。「トーテム斧」といったように。そうはいっても、この論者たちが多数の細部において、じっさいにそうであったろう系統関係を、興味深くもあり、歴史的事実と見なすにふさわしい系統関係を、見いだしたことは確かです。けれども、対象物がこのように分布しているということを研究するのには適したことであっても、さまざまな文明や、文明間の接触を規定する段になると、途端に不正確になるのです。個々別々の道具の歴史を記述したり、道具や造形物などの個々別々のタイプの歴史を記述したりするのに、地図にそれらを落とし込むという方法はすぐれています。対象地域さえ間違えなければ、そこでは何よりも触知可能なモノが問題となっているのですから。やりたいことは、博物館にそれらを系列に沿って分類することなのですから。このかぎりにおいて、こうしたやり方には全面的に賛同できます。宝棒（賞品をつるし、すべりやすくした長い棒。ヨーロッパの祝祭や祭市などで参加者が競ってよじ登る）について、いうべきことはたくさんあるのではないでしょうか。故ロベール・エルツ（フランスの民族学者で、モースの弟子の一人。第一次世界大戦で戦死）は、ポリネシア地域における爪についての見事な研究を準備していました。けれども、ある技芸や制度がどのように伝わっていったかを跡づけ、それである文化《キュルチュール》を規定するというのは、まったく違うことです。すぐさま、二つの危険が立ちはだかります。

はじめに、支配的な特徴の選定です。生物科学は、この主要特徴という概念にかなりのところ苦労しています。まったく勝手な私見でしかありませんが。しかし社会学はというと、それよりもいっそうこの概念に苦労しているのです。選定基準として用いられているものが、じっさいには存在しないことすらしばしばあります。たとえば、*Zweiklassenkultur*（双分クラス文化）という名称の由来となった着想には、重大な誤りがあります。ある種のオーストラリア社会・メラネシア社会は、外婚的な「二つの婚姻クラス」（グレープナーとシュミット）にしか区分されていないといい、あるいは二つの「半族」（リヴァースの用語です）にしか区分されていないといいますが、しかしこれらは捏造されたことがらなのです。第一に、これらの半族についてです。半族とクランとを別々のものとして考えることが定着していますが、わたしはこれに断固として反対です。わたしの考えでは、これらの半族も、もとはといえば初次的な段階のクランだったからです。第二に、オーストラリアとメラネシアの社会のうち、この文明の典型をなすと見なせるようなあらゆる社会において、半族以外のものも見つかってきたのです。半族の内部に複数のクランがあるのも確認されてきたからです。このことは、わたしたちが胞族《フラトリー》と呼んでいる組織においては通常のことです（「胞族」は、ある共通の目的のために複数のクランが統合されて形成される上位集団のこと）。したがって、「婚姻クラス」という事象を「クラン」という事象から分離させて考えるのは、誤りでもあり論点先取でもあることになります。

　次いで、ある文明のこの支配的な特徴と、その他の諸特徴とがどのような関係にあるのかというのは、決して自明ではありません。これらの諸特徴が互いに必然的な随伴関係をもっているなどということは、証明されてはいないのです。だからたとえば、弓が見られるところでは女系出自が見られる可能性が高いとか、あるいは男系出自が見られる可能性が高いとか（論者によって主張する出自原理は異なりますが）などというのは、証明されてはいないのです。

　種々の文明要素が同時並行的に見られ、それがまた同時並行的な地理的分布の重なりを示しているとき、それがここで論じられているように必然の事態であるということは、まったく証明されていません。このようにして文明層なり文明圏なりの境界を画定しようとすることは、しばしばそれ以外のナンセンスな所説に通じます。たとえばメンギーン氏（オーストリアの先史学者）ですが、彼は旧石器時代のコンゴについて「女系文化」を云々するまでになっています。いくつかの石器だけをもとに、知られざる一つの民族《ポピュラシオン》の法制度を思い描くことができるとは、何とも称賛すべきことではありませんか。それらはみな、仮構《フィクシオン》であり仮説なのです。

一つの文明がある単一の特徴によって規定されるなどということはありません。文明が規定されるのは、一定数の、しかも一般にはかなりの数にのぼる特徴によってだからです。それにとどまらず、そうしたさまざまな特徴が、それぞれどの程度の割合で含まれているかという分量比によってだからです。たとえば航海術というのは、海浜部のマレー人やポリネシア人においては、大陸部の他のオーストロネシア人においてとは異なる位置づけを占めています。これは当然のことです。次のように結論づけましょう。*Kulturkreise*（文化圏）の方法は、その運用に難があります。なぜかといえば、主としてこの方法が次に述べる方法と切り離されてきたからなのです。

その方法とは、*Morphologie der Kultur*（文化形態学）という、いささか評判の名前のものです。この方法は二人の論者、すなわちフロベニウス氏とシュペングラー氏の名前によって、とりわけ知られています（二人とも学者としてはいかがわしいところがあるけれども、一般には受けのよい人物です)[*2]。フロベニウス氏によると、とくにアフリカについてですが、ありとあらゆる種類の事物の分布地図に依拠することで、さまざまな文化が、のみならずさまざまな基層文化が、個々別々に際立ってくるといいます。単一のアフリカ文明なるものはもっぱらそれらから構成されているわけです。現在のアフリカにはさまざまな文明が見られますが、そのほとんどすべては他と混淆したものです。けれどもフロベニウス氏は、混合化と層序化のなかから、純粋な文化を探り当てる術を心得ているというわけです。文化形態学者にとってみれば、これらの純粋文化は形態が確固としており、それが物質面で有用性にすぐれ、精神面で価値にすぐれ、また歴史的にも偉大であることはそれとして明らかなのです。それによってブラックアフリカ西部には、互いに次々と挿し木されるように、五つないし六つの文明を見ることができるとされています。フロベニウス氏にしてみればよく分かっていることなのですが、エーゲ文明、シルチス文明(シルチスは地中海に面したリビア海岸の砂漠)、南エリトリア文明、「エチオピア風土《テリュリスム》」、および最後に(当然のことながら)、「未開エロス」をともなうアトランティス(フロベニウスは南アフリカに、今は失われたアフリカン・アトランティス文明が存在したと考えた)がそれにあたります。この学派が生みだしたもので根拠のしっかりしたものはといえば、資料カードです。それらは丹念なもので有用性も高いということです。それが『アトラス・アフリカヌス』の端緒であるわけです（Leo Frobenius, *Atlas Africanus. Morphologie Des Afrikanischen Bogengerates.: Geschichte Des Bogens*, Walter de Gruyter, 1929）。そのなかのいくつかの箇所はよくできておりますが。

シュペングラー氏の〈文明の形態学〉も、わたしの見るところでは同じく空談です。諸文明ならびに諸民族《ナシオン》を硬質のものと軟質のものとに分類するとか、有機的に緊密なものと弛緩したものとに分類するとかといった精神的傾向の分類にしても、あるいはその歴史哲学にしても、風呂敷を壮大に広げたその大味な考察にしても、それらが価値をもつとすれば、一般大衆に対してのみです。「文化の運命」やら「歴史的使命」やらの、今では死語となっているような言い回しであるとか、通俗的な歴史学はもとより、諸党派の社会科学といわれているものにさえ大量に流入している自覚なき社会学に特有の語法であるとか、そうしたものに明確な展望もないまま回帰しているのがそれなのです。まったくのところ、社会学者にとっては、ギゾーにおいてのほうがもっとたくさんの思想や事象を見いだすことができます。ただし、「文明の歴史アトラス」については待ってみたいと思っています。ある種の学術的作業に問題発見的な価値があるのかどうか、それを評定したいので。じっさい、その作業の有用性それ自体は疑う余地がないものなのですから。それにもかかわらず、この作業についてすら危惧をいだきます。そこでもまた形態学が、事物その他の分布がどのような圏域をなし、どのような層をなすかを単純に地図上で図示する作業とは切断されなくてはならないのだとしたら、どうでしょう。そこでもまた形態学が、「文化《キュルチュール》なるもの一般」にかんするアプリオリな観念によって導かれ、あるいは「これこれの文化《キュルチュール》」についてアプリオリに規定された観念によって導かれるのだとしたら、どうでしょう。そのときこの形態学もあまたの論点先取を犯すことになるでしょう。

　要するに、お分かりのとおり、これらの種々の方法と観念は、すべてを全体として用いるのでなければ正統性をもちえないのです。

　民族学的な方法について結論づけるために、さらにつけ加えておかなくてはならないことがあります。わたしは民族学的方法がきわめて高度の確実性を備えたものであるとは、まったく見なしていないということです。有用ではあるでしょうが、十分であることはほとんどありません。歴史をもたない民族《プブル》などと呼ばれている人々の歴史を再構成するのに、その人々の文明の歴史を仮説的にたどることに依拠するなどというのは、何とも厚かましい企てです。非常に率直に申し述べたいと思います。諸民族の歴史にかんするこうした定まった論点に対して、民族誌学的および社会学的な諸概念は、言語学的および考古学的な方法のたんなる助手にすぎないのだ、と。しかも、助手としては堅実性に欠けるのに反して、言語学と考古学の方法のほうははるかに精密です。しかしながら民族誌学的・社会学的な概念は、他の諸概念と補完しあいながら一緒に用いられれば、顕著な成果にいたる可能性をもっています。ここで少し、アメリカの「社会人類学者たち」の仕事を取り上げてみましょう。ボアズ氏が、太平洋の北岸流域に広く見られる神話について提起しているさまざまな仮説は、蓋然的であるというのを超え、ほとんど確実なものです。ウィスラー氏が、北アメリカのインディアンの服飾をアジアの形態に由来するものとした仮説も、正しいことが明らかです。これらよりも古い時代にブルーノ・アドラーが、アメリカで用いられている矢が北アジアに由来するとした仮説も同じです。けれども、最終的な証明にいたるには、サピア氏の言語学的な諸々の発見を待たなければなりませんでした。サピア氏は、北アメリカに分布する膨大な数の言語グループを、プロト・シナ・チベット・ビルマ語という基層言語に結びつけたのです。

⁂

しかしながら、限定されたケースにおいて歴史学的な確実性が保証されないからといって、研究が挫折してはなりません。一般的な事象は存在し続けているのですから。

確実なこと、それは第一にさまざまな文明が現に存在しているということです。文明によって、民族《ププル》どうしの系譜関係が特徴づけられたり、多様な人間の層状の重なりが特徴づけられたり、あるいはその二つが同時になされたりするのだということです。確実な第二のこと、それは種々の文明がそれぞれに、それぞれの「様相《アスペ》」を有しているということです。そして、当該の文明がつくりだしたものには、その文明の様式《スティル》が、その文明の相貌が、備わっているということです。この様式も相貌も分析することができます。——ただし、その分析は、ある何らかの支配的な特徴によってのみなされるべきではなく、すべての特徴によってなされなくてはなりません。そうした諸特徴を考察の対象として取り上げることを促すのは、それらに備わった一つの共通の特性だけです。そうした特徴が人為的につくられた形態をもち、定まった形態をもち、独特の形態をもつこと、すなわち類型《ティプ》をもつこと、がそれです。この条件のもとで、さまざまな特徴が奇妙にも一致して同時に分布していることを地図に示し、諸特徴がどのような経路で移入され、どのような手段によって様式や制度が伝播したのかを再構成し、そうすることによってじっさいにそれぞれの文明を規定することができるのです。伝播の中心地を見つけ、さらにはおそらく、伝播の起源地さえをも見つけることができるのです。最後に、目印となる指標や、限界域や、境界や、時代区分を確定することができます。ことに、考古学と歴史学によって研究の主導と助力と支援がなされている場合はそうです。

この一般的な事象は文明事象の性質それ自体に起因しています。文明事象が歴史的に伝播する様式に起因しているのです。文明事象は何らかの定められた道を通って伝播するわけではありませんが、その道行きは説明可能です。抵抗力がより小さなラインがあり、そうしたラインが伝ってきた権威のレベルがあって、それらを見つけることは可能なのです。そうなればじっさい、一定程度の歴史的蓋然性を備えた仮説を組み立てることができるでしょう。けれども、それが正統性をもつのは、模倣が世の常だから（タルドはそう考えていたわけですが）ではないのです（タルドはフランスの社会学者。『模倣の法則』などで、模倣による行為や思想の伝播を論じたことで知られる）。そうではなく、まさしくある一定の類型の一定の事物を借用するということが、そのことそれ自体において（デュルケームが感じていたとおり）、比較的独特な事象であり、借用する側に抵抗がないということと、相手側に権威が備わっているということによってしか説明されえない事象だからなのです。文明事象が前提としているのは、ある定まった種類の社会間および社会事象間の歴史的連関なのです。したがって、それらを抽出することができますし、そうすることで一般史学の業績に資することができるのです。

さらに、今度はこうした伝播のほうが、文明の性質それ自体に起因するものでもあります。そのあり方を以下に見ましょう。

社会的な生のうち、厳密な意味で政治的な生とか道徳的な生とかナショナルな生とかを別にすると、社会的な生のある一定数の要素は、このようにある一定数の複数の民族《ププル》に限定されており、歴史においても分布においても地表面と結びついています。それぞれの文明には、国民《ナシオン》と同じように境界があります。文明には時間軸上である種の持続性があり、その文明に包摂されている諸々のナシオンと同様に、誕生があり、生があり、死があります。こうしたことには、実際的な二つの理由があるのです。

こうした限定性は深層にある一つの特質に対応しています。それは、あらゆる社会現象に共通した特質です。社会現象のなかには、ある単一の社会のみではなく、逆に複数の社会を特徴づけるものがあります。多少とも多数にのぼる社会が、多少とも長きにわたって生をともにしてきたときの、そうした複数社会を特徴づけるような社会現象です。

ここでいうある特質とは、そのような社会現象においてさえ際立っている特質なのです。およそあらゆる社会現象は、じっさい、本質的な属性を共有しています。その社会現象が象徴であれ、語彙であれ、道具であれ、制度であれ、ひいてはそれが言語であれ、よく練り上げられた科学であれ、さらにはそれがもっとも良質な目的に、またもっとも多数の目的に適合した道具立てであれ、また、可能なかぎり合理的で、この上なく人間的な現象であれ、社会現象が人為的な現象であるのにかわりはないこと、これです。

すべての社会的現象は、何らかの程度において集合的意思の所産です。そして人間の意思とは、ありうべきさまざまな選択肢からの選択にほかなりません。ある特定の事物は、語彙であれ説話であれ、土地整備の仕方であれ屋内外の構造であれ、土器であれ道具であれ、おしなべて一つの類型《ティプ》なり様式《モード》なりをもっており、さらにいうなら多くの場合において、その典型《モデール》的な性質と形態のほかに、それに特有の使用法をもっているものです。社会的なものの領域というのは、様式性《モダリテ》の領域なのです。立ち居ふるまいにしても、たとえばネクタイの結び方とか、襟ぐりとか、それに応じた首回りの処し方とか、歩き方や身体部位のあり方とか(それによって靴が必要となると同時に、靴こそが歩き方と身体部位とを要請するのですが)——ここではわたしたちに馴染みのことがらだけに言及をとどめておきます——。こうしたすべてのことは、きわめて多数の人々に共通した形態を有しているとともに、その形態はそれ以外のありうべき形態のなかからこれらの人々によって選び取られたものでもあるのです。しかもその形態は、これこれの場所にしか存在しないのですし、これこれの時代にしか存在しないのです。様式《モード》とは、これらの事象を時間軸において把捉したときには、たんにこれらさまざまな様式性《モダリテ》が織りなす体系にほかなりません。アンリ・ユベールは「ある一文明の様相《アスペ》」についてすぐれた著述を残しています。今日にまで持続しているガリア文化の「長期的な場」についても。そしてまた、時代を追うごとに次々と変遷してゆく屋根の形態についても。そうした形態は——ある種の人々が考えたがるのとは違って——ただたんに地理的な原因によって要請されているのではないのです。タルドのいっていることのなかで、わたしが確かなものとして認めてかまわないと思うのは、「新しもの好き《フィロネイスム》」と「新しもの嫌い《ミゾネイスム》」とにかかわる彼のモラリストとしての鋭い指摘だけです（タルドは『法の変遷』において、「フィロネイスム」と「ミゾネイスム」という概念を援用しつつ、新規のモデルと旧来のモデルとに対する態度のあり方を、受動的な模倣性の問題として、近代社会と伝統社会との差異にからめて論じている）。

集合的表象および集合的実践のこうした性格によって、以下のことが帰結します。集合的な表象や実践が伝播して広がる圏域は、人類全体が単一の社会にまとまることがない以上、必然的に限界づけられたものであり、相対的に固定的なものであるということがそれです。それというのも、表象にしても実践にしても、それらを物質化して示す生産物にしても、それが他所に伝わりうるのは、それを運ぶ人が現にそれを運ぶことができ、運びたいと思うところまででしかないからですし、またそれを借用する人が現にそれを受容することができ、受容したいと思うところまででしかないのだからです。（ここでは相変わらず時代区分の問題は捨象して考えています。）このような人為性が共有される範囲は、当然のことながら起源を同じくする諸社会であるとか、同じ語族に属する諸社会であるとか、長期にわたる接触によって結びつきを有している諸社会であるとか（その接触は友好的な接触であることも、逆に非友好的な接触であることもあります。戦争というのは、結果的に借用を大きく促進するものなのですから）、一言でいうなら、お互いのあいだで何らかの共通性を分有している諸社会にかぎられているのです。ある文明圏の境界は、したがって、恒常的な借用がおこなわれなくなるところに見ることができます。並行的な進化がおこなわれなくなるところに見ることができます。並行的な進化とは、多少の差はあれ同時的もしくは独立的な進化ではあるけれども、しかしながらつねに並行的で、共通の基層からはあまり離れていないところで起こる進化のことです。たとえば、おそらく現在でもラテン文明というものを想定することができます……。イタリア的変異とかフランス的変異とか、などなどをともなったラテン文明というものを。

一つの文明圏のこの境界、一つの文明圏が唐突に終わる地点は、社会として構成されたものの境界と同程度に、国家と呼ばれているものの境界とさえ同程度に、人為的であることがきわめて頻繁です。集合的歴史(民族学的な歴史にしても、その他の歴史にしても)にかんするわたしたちの研究の重大な欠陥の一つは、要素が一致して見られる点にしか観察の目を注がない傾向があまりに強すぎることです。あたかも歴史においてはポジティヴな現象しか起こらなかったかのようです。けれども、借用が起こっていないということも観察の対象としなくてはなりません。有用なものでさえ借用を拒絶されるということも、観察の対象としなくてはならないのです。借用が起こったことの研究と同じくらい、借用が起こらなかったことの研究は興味深い。それというのも、この研究によってこそ、多くの事例において各文明の広がりの臨界が(社会の広がりの臨界とまったく同じように)説明されるのだからです。イスラエルはモアブを嫌っていますが(旧約聖書によると、ロトの息子のモアブを名親とする人々がモアブ人であり、古代イスラエルの東に隣接した地に侵入・定着したとされる。イスラエル人から見て、モアブ人は否定的に描かれている)、それはモアブが子羊をその母の乳で調理するからで、そのため今でも人々は金曜日に肉を食べないのです。トゥアレグ人はラクダの乳しか飲まず、牛の乳を毛嫌いしていますが、わたしたちは馬の乳を毛嫌いします。極北に居住するインディアンは、エスキモーがカヤック(*kayak*)とかウミアック(*umiak*)とかといった見事な船をつくっているにもかかわらず、自分たちはそうした船をつくる技術をまったく知らずにきましたし、つくりたいとも思わなかったのです。それとは反対に、エスキモーがかんじきを借用するのは例外的な場合にかぎられていました。また、わたしなぞはスキーを習うこともなかったのですが、わたしの故郷のヴォージュでは、今では若者たちがスキーをしています。握り柄のついたイギリス式のシャベルやドイツ式のシャベルをわたしたちが使おうとすると、動きがこわばってしまい、うまく使えないものです(道具のせいなのでしょうか、それとも身体の習慣のせいなのでしょうか)。フランス式シャベルの一本棒の長い柄だと、逆にイギリス人が使いこなせないものです。司馬遷をお読みになれば、フン族の騎馬術について中国の宮廷でどのような論争が交わされたのか、そしてそれがどのようにして許容されるにいたったのか、こうした話が分かります。などなど。

このようにして、さまざまな文明がどのように境界づけられるのかが分かります。それは、ある要素に借用を促し、拡散する力があることによってだけでなく、文明を構成するさまざまな社会が、そうした要素の借用と拡散に抵抗を示すということによってもなされるのです。

＊
＊＊

社会学者が文明一般の歴史を構想するのは、そしてとりわけ、民族学の領域に属する諸民族の歴史を構想するのは、以上のような仕方によってです。そのさい社会学者は、歴史学、先史学、比較文明史学といった、すでに蓄積のある諸研究にとくに依拠するわけです。

こうした考え方は、民族学者の側からの不当で愚かしい批判を受ける以前から、わたしたちがいだいていたものです。ここではわたしの研究仲間であった人物、アンリ・ユベールのことしかお話ししません。彼は〈ヨーロッパの先史民族誌学〉を準備していました。この問題について、彼はずっと専門家であったのです。ケルト人についてわたしたちが出版することになっている本（『人類の進化』）のなかで、ユベールはケルト人の文明をラ・テーヌ文明に比定しています（ラ・テーヌはスイスの考古遺跡で、鉄器時代後期のケルト文明［紀元前四五〇年頃から紀元前五〇年頃まで］のもの）。サン＝ジェルマン博物館（パリ西郊、サン＝ジェルマン＝アン＝レーに所在する国立考古学博物館のこと）に間もなく開かれる彼の傑作、「マルス展示室」を見にいっていただきたいものです（前記の博物館でユベールは、一九一〇年から「マルス展示室」「フランス国外の考古民族誌学的オブジェの展示室」の整備にあたっていた。その完成を待たず、一九二七年にユベールは心臓発作で死去）。そこには、新石器時代を通じて金属器時代の初期にいたるまでの歴史が、年代的な観点から、論理的な観点から、そして地理的な観点から、提示されています。それは、今挙げた三つの課題が、三つながらに、しかも同時に提起され（そうあらねばならないはずです）、それに対して解決を与えようとするユニークな試みなのです。

Ⅲ　文明という語の通常の意味

以上のような専門的・学術的な説明にもとづけば、文明という語に与えられてきた通俗的な意味に、気兼ねなく立ち戻ることができます。

非常に多くの場合には、この語の意味を少し広げて理解することが許されますし、そうしてもたいした学問的あやまちを犯すことにはなりません。「フランス的文明」といい、それによって「フランス的心性」という以上の何かを意味させるのは正当なことです。なぜならじっさいのところ、この何かというのはフランスの国境を越えて、フランス語の言語学的な境界さえをも越えて、たとえばドイツ語系の言語を用いるフランドル地方やルクセンブルクにまで広がっているからです。ごく最近まで、バルト諸国においてはドイツ文化が支配的でした。ギリシア文明やヘレニズム文明――その偉大さが理解されないなどということが、わたしたちには理解できないのですが――、それにビザンティン文明――これについても同じことをいわなくてはならないのではないでしょうか――、これらの文明は、多くの事物や観念を遠いところにまで伝えました。そして、ギリシア人以外の他の多くの民族を、しばしばとても堅固に組み入れたのでした。

非常に多くの人々が、自分たち自身の心性やら慣習やら技術工芸やらをつくりだすことに成功し、それが人口の全体にわたって十分な程度に浸透しており、さらにその人々が一つの国家を形成するとき（それが単一民族国家であるか、複合民族国家であるかはたいした違いではありません）、そういう場合に文明を云々することも許されます。たとえば東ローマ帝国は、「ビザンティン文明」の本拠地でありました。グラネ氏（マルセル・グラネはフランス社会学派の社会学者・中国学者。中国学に民族学的手法を導入）が、中国の境界のなかで「中国文明」を論ずるのも正当なことです。それと同時に、中国の境界の外側であっても、ある種の事象についてはそれを中国的と形容することも正当であります。漢字、古典が有する威信、劇や中国音楽が有する威信、美術の象徴表現、ヨーロッパが洗練《ポリ》され、文明化《ポリセ》するより前に中国人が我がものとした教養《ポリテス》や生の知恵、こうしたものが伝わっているところでは、どこでも中国的な事象について語ることができるのです。アンナンも朝鮮も満州も日本も、多少の違いはあれみな中国文明の地なのです。インドについては、二つの構成単位《ユニテ》が（三つ以上ではありませんが）存在しています。「インドとはバラモンである」と、アルフレッド・ライアル卿（英国の官僚で歴史家・詩人。植民地インドで行政官をつとめる）はいいました。それでいて、インド文明はさらにその上にも存在しているのです。仏教によって、インド文明は古代の極東世界の、おそらくは全体にわたって伝播したのですから。「地獄」を意味する「ナラカ」(*nâraka*)というサンスクリット語は、インドからはるかに遠く離れたところでも使われています。インドネシアでも、パプアジー（パプア諸語を話す人々の地域。ニューギニア島ならびにその周辺諸島よりなる）においてさえも使われています（日本語では「奈落」がそれにあたる）。それにインドと仏教は、わたしたちに対しても改めて影響をおよぼしているではありませんか。

一つ例を挙げてみれば、具体的な次元での問題の複雑さが感じ取れるでしょう。事態を単純化して捉え、たいした考えもなしに政治的事象にのみ専心し、無自覚的なまでに抽象的で国家の枠組みにとらわれた歴史学などには、提起することさえできないような問題です。よく知られているように、アンコールのバイヨン（カンボジアのアンコール遺跡を形成する寺院跡。一二世紀末頃に造成がはじまった当初は仏教寺院であったが、後にヒンドゥー化した）には有名な壁面装飾が、広大なレリーフ彫刻があります。何千という人物や動物や事物が浮き彫りにされ、四層をなし、さまざまな装飾模様があり、天上の象徴的人物や地上の人物や海上の人物が描かれています。けれど、巨大な波模様の図像は何でしょう。全体に、インド＝クメール的な様相が紛れもなく備わっています。したがって、すでにしてこれは混淆物なのです。壮麗にして特異な混淆ではありませんか。しかもそれだけではないのです。ある面の帯状彫刻は仏教的です。ところが別の面に描かれているのはヒンドゥーの叙事詩です。ヴェーダ期のものでさえなく、ヴィシュヌ神とシヴァ神の叙事詩なのです。これらの二つが見られることについては、フランスの学者たちによってかなり十全なかたちで説明がなされはじめています。しかし、帯状彫刻のうち最大の広さをもつ面が、今日まで解けずにいる謎を投げかけています。眼前にあるのは、何千もの兵士がつくる大軍隊が行進している姿です。司祭がおり、隊長がおり、王侯がおり、彼らはヒンドゥー的です。あるいはインド的な様子を呈しています。

ラーマーヤナ（二世紀末に成立したとされる古代インドのサンスクリット大叙事詩。王子ラーマの武勇を中心とする）にある戦《いくさ》の場面かとも思えますが、確かではありません。しかしいずれにしても、下役の兵士や一兵卒たち、軍装の一部、武器や行軍や服装や髪型や仕種などは、それとは異なる文明のものなのです。その上、それがどんな文明なのか、いまだに分かっていません。人物たちの様子からは、彼らが今実在している民族のどれかと同じ民族であるとは思えませんし、それどころかこれまでに知られてきたいかなる純粋民族とも同じであるとは思えないのです（彫像の人物たちがじっさいの人物を正確に写し取っていないなどと考える理由はありませんし、たとえ様式化されているにしても、それには芸術と真実とがともに刻印されているのですから）。複数の面からなる最後の組には日常生活と職業生活とが描かれています。職業のうちのあるものには、すでにインドシナ的な様相が備わっています。紀元後一千年紀の末から、インドシナはすでに「魔女が煮炊きする大鍋」のようなものだったのです。さまざまな人種《ラース》とさまざまな文明が、そこで一つに溶けあっていたのです。

この例から、文明ということばの三つ目の意味があらわれてきます。このことばが、いうなればもっぱら道徳的で宗教的な諸事象に適用されるときの意味合いです。仏教は、インドシナや中国、日本や朝鮮の道徳生活と審美生活のある部分を全体として活気づけています。また、チベット人やブリヤート人の全生活のほとんど隅々まで（政治生活をも含めて）律動づけています。そうであってみれば、「仏教文明」について云々するのは——もっと正確にいえば、仏教の文明化作用について云々するのは——、正当なことです。——同じように、「イスラーム文明」という表現を用いるのも正当であると見なすことができます。イスラームが信者を同化する力はそれほど強いものであり、それはあらゆる点で、外にあらわれるちょっとした《アンフィム》所作から、内奥に秘められた《アンティム》存在のあり方にいたるまで、信者を同化してしまうのです。カリフという概念をめぐって、イスラームは単一の政治的国家をつくりかけるところまでさえゆきましたし、現在でも政治的国家としてのさまざまな特色を多く保っています。——西欧の中世について「カトリック文明」というものを考えるのも、正しいことです——カトリック文明自身としては「普遍文明」とみずからを見なしていたわけですが——。それは、ラテン語が教会と大学の媒介言語でしかなくなってしまった時代にあってさえ、いえることです。歴史的にいうなら、つまり、この文明を同時代において生きていた人々の観点からいうなら、この文明をヨーロッパ文明と呼ぶより、カトリック文明と呼ぶほうが正確であるとさえいえます。というのも、その当時にはヨーロッパという観念がまだ存在していなかったのですから。

最後に、文明という語彙に対して与えられる意味には一群の三つの意味が残されています。それはときに学術的な意味であることもありますが、ほとんどの場合は通俗的な意味であります。

哲学者たちやフランスの公衆は、文明という語を「文化《キュルチュール》」、*Kultur*（ドイツ語で「文化」の意。しばしば「文明[*Zivilisation*]」と対比され、物質文明に対する精神文化という含意をもつ）の意味で用いています。それは、みずからを高める方法であり、富や快適さにしても、能力や熟達度にしても、より高いレベルに達する方法であり、公民となり市民となる方法であり、秩序と治安を確立する方法であり、礼儀と洗練を知らしめる方法、上品である方法、芸術を愛好し、奨励する方法であります。

言語学者たちが「文化《キュルチュール》」という語を用いるとき、彼らもまた少し似たような考え方に依拠しています。言語学者たちは、「文化」という語を二つの意味で用いているのだからです。その二つともがもっともなものです。第一に言語学者たちは、「文明言語」とされるもの（ラテン語や英語やドイツ語など。現在ではチェコ語やセルビア語なども含めて）が、科学技術の教育・伝達・伝承の方法であり、文芸を浸透させる方法であると、それも、かなり広範で古代にまでさかのぼる背景に発するものであると、考えています。第二に言語学者たちは、その文明言語を俚言や方言と対立させています。小規模な集団や下位集団の、ほとんど文明化の進んでいない民族《ナシオン》の小言語と対立させ、すぐれて地方的なことばと、すなわち、ほとんど分布域が限定されており、あまつさえ（そこには推論が作用しており、その推論は確からしいけれども確証されたものではありません）ほとんど洗練されていない言語と対立させています。言語学者たちにとって、言語価値の大小と広範に分布しているという性格、媒介言語となる力と伝達能力とが、伝達される諸観念の質、ならびに伝達される当該言語の質と一体的に把握されているわけです。彼らのこうした二つの概念規定は、わたしたちのものとそれほど隔たったものではありません。

　そして最後に、政治家や哲学者や公衆がいます。ジャーナリストたちはなおのことです。彼らは、大文字の〈文明〉を問題とします。ナショナリズムの高揚期において、〈文明〉とはつねに彼らの文化のことであり、彼らの国民《ナシオン》の文化のことであります。それというのも、彼らは通常、他者の文明というのを知らないわけですから。合理主義の時代、これはまた一般に普遍主義の時代であり、コスモポリタンな時代であるわけですが、こうした時代には、世界大的に普及した宗教のごとくに、〈文明〉も一種の理想状態をなすのであり、かつ現実状態でもあります。合理的状態であり、かつ自然状態であります。原因にある状態であり、かつ目的となる状態であります。そうした状態を、何人も疑いえない進歩が、少しずつ導きだすというのです。

　人間が政治的にものを考えるようになって一世紀半がたちますが、結局のところこれらの意味はどれも、この一世紀半のあいだ人間が夢想してきたある理想の状態をあらわしているのです。こうした状態のまったき本質をなすものは、神話としてしか、集合表象としてしか、存在したためしはありません。普遍主義的であると同時にナショナリスト的でもあるこの信条は、西ヨーロッパとアメリカ、ただし先住民をのぞいたアメリカにおけるわたしたちの諸文明、国際的であると同時にナショナルでもある諸文明の一特性であるとさえいえるのです。第一に、〈文明〉というものを完成された国民《ナシオン》として思い描く人々がいます。フィヒテの「封鎖国家」がそれにあたります。自律的で自足的な国家です。そうした国家の文明ならびに文明言語は国家の政治的境界にまで行き渡っていると考えられています。こうした理想を実現した国民もあります。この理想を自覚的に追求している国民も、たとえば合衆国のように、あるわけです。第二に、単一普遍の人類文明というものを、抽象的に、来たるべきものとして構想する著述家や弁論家がいます。「進歩する」人類というのは、哲学にとっても政治にとっても、今や決まり文句となっています。最後に、以上の二つの文明観念を二つながら支持する人々がいます。それによれば、国内のさまざまな階級も、さまざまな国民も、そしてさまざまな個別の文明も、大文字の〈文明〉に対する歴史的使命をそれぞれに担っているにすぎないのです。当然のことながら、ここでいわれている文明とは相変わらず西欧文明のことです。西欧文明が人類進歩という共通の理想にまで引き上げられ、それと同時に人類進歩の合理的基盤にまで引き上げられているのです。そして楽観主義のおかげもあって、西欧文明こそが幸福の条件であるとされるのです。一九世紀は二つの文明観念を綯《な》い交《ま》ぜにしてしまいました。「みずからの」文明にすぎないものを、「単一普遍の」文明と取り違えたのです。どの国民も、どの階級も、同じようにしました。人々が飽くことなく称賛してきたのが、それだったのです。

その一方で、次のように考えることもできます。わたしたちの生の新奇さによって、こうしたものごとの秩序のなかになにがしかの新奇なものがつくられてきたのだ、と。現代においては、大文字の〈文明〉に類する何ごとかが実現するとすれば、もはやそれはイデオロギーにおいてではなく、事実においてであるとなっているように思われます。第一に、国民が消失しているわけではありません。また、国民のすべてができあがっているわけでさえもありません。そうしたなかで、間国民的《アンテルナショナル》な現実と間国民的な観念とが蓄積され、その蓄積は増大しつつあります。文明事象が帯びる間国民的な性格は強化されています。このタイプの現象は数を増しています。こうした現象は拡大し、相乗的に増加しています。こうした現象の特質も次第に増しています。先ほど話題にしたシャベルのような道具とか、服装とか、程度に多少の差はあれ複雑な事物とか、そうしたものはそこかしこにとどまりえます。そうして、過ぎ去った国民の証人として、過ぎ去った文明の証人として存続しえます。その国民なり文明なりを活き活きと伝え、それらに特有の、しかしながら合理性を欠いた証人として。これに対して、機械やら化学的な手法やらは、あるところにとどまっていることができません。科学はすべてを支配します。そしてライプニッツが予言したとおり、科学の言語は必然的に人類の言語なのです。最後に、ものごとをコミュニケートしたり、伝達したり、記述したり、記録したりする新しい形態があり、それも情緒やら慣習やらにかかわるものごとについてすらそうする新しい形態があって、それらが普遍化しつつあります。映画がそれです。音声を保存する新しい形態があります。蓄音機がそれです。音声を伝える新しい方法があります。無線電話がそれです。蓄音機と無線電話とによって、一〇年とたたないうちに、ありとあらゆる音楽、ことば、語彙、情報は、どんな障壁をものともせず拡散することになります。わたしたちは、その最初期に立ち会っているにすぎないのです。

文明的な要素のいくつかを、ナショナルな暴力の要素へと、さらに悪いことにはナショナルな自尊心の要素へと転換させるような反応が今後出てこないかどうか、わたしたちには分かりません――化学や航空技術については、そのようなことが起こったわけですが――。あらゆる国民は人類によって少しずつ涵養され育成されてきたのに、その人類からおそらくは再び、ためらいもなしに、離れることになるのでしょう。けれども、確実なのは以下のことどもです。現在までの未曽有の相互浸透がもはや定着していること。個々の国民であれ個々の文明であれ、たとえそれらが存続するにしても、それらが共通とする特徴の数は増加してゆくであろうこと。一つひとつの国民なり文明なりの形態は、それ以外の国民や文明の形態とどんどん似たものとなってゆくであろうこと。それというのも、共通の基盤がつねに数を増し、重みを増し、質を向上させているからです。加速的な発展をもって、つねに拡大し続けているからです。新しい文明のこのような諸要素のなかには、ほんの少し前にはそれから遠ざけられていた人々に、あるいは今日ですらそれを奪い取られている人々に、起源をもつものさえあります。原始美術《アール・プリミティフ》が音楽も含めて成功を博したということは、こうしたすべての歴史がこれまで経験したことのない道筋をたどりうるということを示しているのです。

共通の基盤というこの考えで歩みを止めることにしましょう。社会と文明とが全般的に獲得したものという考えです。大文字の〈文明〉という考えに対応しているのは、わたしの見るところ、この考えなのです。つまり大文字の〈文明〉とは、さまざまな文明を統制している原理などではなく、さまざまな文明が融合しあうその臨界点なのです。個々別々の文明は、それを担っている国民がそれを慈しみ、発展させることがなければ、何の意味ももちません。しかし——国民の内部で、科学や産業や芸術や、さらには「気品《ディスタンクシオン》」でさえもが、一握りの人々が形成する階級の独占財産であることをやめて、偉大な国民にあっては万人に共通の特権のようなものと化してゆくのと同じように——、諸文明の最良の特徴は、数においてますます増加してゆくさまざまな社会集団が共通して分有する特性となってゆくことでしょう。詩人や歴史家であれば、各地方に特有の味わいが失われてゆくのを残念がるかもしれません。おそらく、それを救う方法はあるでしょう。けれども、人類の資産はいずれにしても増大することでしょう。生産も、土地や海浜の整備も、すべてはますます合理的に設営され、開発されるようになるでしょう。市場向けに。それも、世界市場向けに。それこそが文明であると、いえないわけではありません。紛れもなく、あらゆる国民もあらゆる文明も、現在にあってはより大きいものを志向しており、より強くあること、より一般的であること、より合理的であることを志向しているからです（より一般的であるということと、より合理的であるということとは相互的に作用します。というのも、象徴表現を別にすれば、人間は合理的なものと現実的なものとにおいてしかコミュニケーションをしないからです）。

このより大きいということこそが、いうまでもなく徐々に浸透の範囲を広げているわけです。それを理解する人々の範囲が徐々に拡大しているわけです。そして、それを決定的な価値として保持する人々は、ますます多くなっているのです。

セニョボス氏はいいました（シャルル・セニョボスは実証主義的歴史学を確立したとされるフランスの歴史学者）。文明というのは道であり港であり波止場であると。機知に富んだ言い方ではありますが、そこでセニョボス氏は資本を産業から切り離しています。資本は産業がつくりだすものなのに。そこには資本もまた含めないといけません。資本をつくりだした理性という資本を含めないといけません。カント風にいうなら、「純粋理性」を、「実践理性」を、「判断力」を、含めないといけないのです。獲得物が増大しているというこの考え、知的かつ物質的な財が人類によって共有され、その人類がますます合理的になっているというこの考え、これには確かな根拠があります。わたしは率直にそう思っています。それによって、さまざまな文明を社会学的に評定することができるようになります。ある国民が文明に対してどのような寄与を果たしたのかを社会学的に評定することができるようになります。社会学的に評定するからといって、価値判断を下さねばならなくなるということなしに。さまざまな国民に対しても、さまざまな文明に対しても、大文字の〈文明〉に対しても、価値判断を下す必要なしに。それというのも、大文字の〈文明〉は、進歩と同じく、必ずしも善と幸福とに通じているわけではありませんから。

しかしながら、この件にかんする価値判断の問題については、ニチェフォロ氏のご議論にお任せしたいと思います（アルフレード・ニチェフォロはイタリアの犯罪学者・人類学者。モースのこの発表がおこなわれたシンポジウム週間で、ニチェフォロはモースの翌日に、「文明——価値の問題——価値の客観的尺度は考えうるか」と題した発表をおこなっている）。

討　論

ベール氏――わたしは、文明の現象と文明の要素とを区別すべきではないかと思います。文明の現象は、およそあらゆる種類の事物でありましょうし、移動してゆくこともありえましょう。しかし、ある一つの文明を形成するさまざまな根本的な要素とは何でしょうか。これは別の問題です。

スメッツ氏――モース氏は、ある一つの文明の地理的な圏域を限定するのに、諸社会が借用しあう要素や、逆に借用しあうのを拒む要素によって限定するという方法を示唆されました。しかし同様に、一つの同じ社会の内部にも多様な集団があること、都市的な集団やら農村的な集団やらがあること、そしてそれらの集団が、これもまた借用しあったり、そうするのを拒んだりしているということ、このことも考慮するべきではないでしょうか。また、借用可能な現象のタイプと、そうではない現象のタイプとを区別しなくてはならないのではないでしょうか。たとえば機械技術などは、社会組織の形態と比べるとはるかに借用が容易に思えます。そして最後に、文明にかかわる事物なり要素なりが複数の社会に共通している場合でも、その事物なり要素なりの用法を考慮に入れる必要があります。同一の事物であっても、社会が異なるのに応じて異なる機能や異なる使用法があてがわれていることがあるからです。

シャポ氏——これこれの文明要素の借用が拒絶されたというとき、現に拒絶があったということを積極的に示す証拠がないかぎりは、そのように主張しないよう、つねに気をつけなくてはならないでしょう。そうした証拠がない場合には、借用がないということは単なる消極的な仮説にすぎず、わたしたちに何ごとも教えてはくれないのです。

モース氏——どのような区別を導入するべきかについて、わたしはスメッツ氏に同意しますが、それらをすべて列挙することはできませんでした。わたしはまた、たとえばわたしのように民族誌学的観点という観点からだけ諸事象を検討しようとする場合においてさえ、それらの事象は歴史学的にきちんと立証されたものでなくてはならないという点で、シャポ氏にも同意します。

シャポ氏——昨日の議論を補足する意味で[1]、ある民族が別の民族から借用する事物の問題について、一つ指摘しておきたいと思います。決定的に重要なのは、それぞれの事例において借用しているのが誰で、貸与しているのが誰か、これを知ることです。ところで、ある事物が、その起源地と想定されるところから遠く離れたところに見つかる場合には、決定不能なことがありえます。たとえば、エトルリア人の遺跡からラテン人の束桿《ファスケス》の紋章が出土しました。[*3] ラテン人がエトルリア人からこれを借用したというのでしょうか。それともその反対だというのでしょうか。どちらかを知る手立てはないのです。

（1）二四日にはじまった討論は、二五日にまでもちこされた。

モース氏――じっさい、民族学的な方法を用いるにあたっては、精確さと厳密さとが必要です。しかし、多くの事例においては疑念の余地はありえないのです。出土物には痕跡が刻まれていることがあるからです。たとえば、中国先史時代の河南の土器と、スーサの土器と（スーサはティグリス川下流の東部に位置していた古代エラム王国の都市）、ドナウ川下流域のトリポリエの土器とは（トリポリエはウクライナ地方の後期新石器文化）、明らかに同じ様式に属したものです。ある技芸が広がる範囲は、しばしばきわめて明確に境界づけられているのです。たとえば、矢羽根のつけ方は、同質的で連続的な圏域をなして分布しています。恣意的な現象こそ、この点ではもっとも雄弁です。言語学的な現象がそうです。文明の名称は、あるときは地理的なものであり

（土地の名前）、あるときは言語的なものです（言語の名前）。言語学的な考証が、民族誌学的な地域の同定と一致するような結果にいたった場合には、わたしたちは単一で同一の文明に立ち会っていると考えてよいのです。アルゴンキン文明の場合がそうです。けれども、ある文明の単一性を証明するためには、つねに考古学的な資料を有しているのでなくてはなりません。民族誌学的な歴史学でしたがうべきモデルとして、わたしはみなさんにアンリ・ユベールのすぐれた仕事をお勧めいたします。サン＝ジェルマン博物館のマルス展示室に彼が設営した人類技術史の展示を。

訳　注

ボリシェヴィズムの社会学的評価

＊1　デュルケームは、『自殺論』や『社会分業論』などにおいて、国民国家に代表されるような大規模な人口を包摂した上位レベルでの集団が、その集団に帰属する個々の成員の日常生活からは物理的にも心理的にも遠くに位置づけられていることに着目し、個人をこうした最上位の集団に統合させる方途として、いわゆる中間集団(デュルケーム自身はこれを「二次的集団」「二次的機関」などと呼んでいる)が果たす社会的役割に期待した。とくにデュルケームが重要視したのが職業集団や同業組合であった。

＊2　ここでモースが言及しているのは、「暴力をめぐる考察」(Observations sur la violence)と題され、モースが一九二三年二月三日から三月五日にかけて、週刊紙『社会主義的生(*La vie socialiste*)』(当時この週刊紙はマルセル・デアらが編集にあたり、ピエール・ルノーデルが事務局に携わっていた)に連載した五篇におよぶ一連の論説である。ただし、第一篇のタイトルのみ、「暴力をめぐる省察」(Réflexions sur la violence)となっている。この第一篇では、ジョルジュ・

ソレルとその主著の一つ、『暴力をめぐる省察(*Réflexions sur la violence*)』(邦題は『暴力論』。今村仁司・塚原史訳、上下、岩波文庫、二〇〇七年)が批判的に論評されている。ソレルのこの著書が単行本として出版されたのは一九〇八年のことである。

＊3　ソレルは土木局職員から革命的サンディカリズムの思想家に転じた社会主義者。マルクス思想の継承者をもって自任し、マルクスのエピゴーネンたちによるその思想の歪曲を難じつつ、みずからを新学派と称した。ソレルの思想の根幹の一つは反議会主義であり、ソレルは選挙を通じた議会活動によって社会主義を実現しようとする活動家を「議会主義的社会主義者」と呼んで、批判・揶揄している。とくにその中心人物と目されていたジョレスに対する批判は痛烈である。

前注＊2で言及した『暴力をめぐる省察』において、ソレルは「力《フォルス》」と「暴力《ヴィオランス》」とを区別している。「力《フォルス》」とは、権力を握る少数者であるエリート(ブルジョワジー)が統治し、社会秩序を維持するために用いるものであり、すなわち上からの強制力のことである。これに対して「暴力《ヴィオランス》」とは、こうした上からの権力とその秩序体制を破壊することを目指してプロレタリアートがふるう、いわば下からの攻撃力である。「ブルジョワジーは、近代初頭以来、強制力《フォルス》を行使してきたが、プロレタリアートは、今や、ブルジョワジーに対して、そして国家に対して暴力《ヴィオランス》で反撃している」(ソレル『暴力論』下、今村仁司・塚原史訳、岩波文庫、二〇〇七年、五三—五四頁)。

ソレルがいう意味での「暴力」の典型がプロレタリアートによるゼネストである。したがってそれは、必ずしも武装蜂起などに見られる物理的暴力を直接に含意するものではない。ソレルはむしろゼネストを「神話」に結びつけている。理性を超えているように見える未来について論じ、時間的に規定できない未来を構想することなしに、人は行動することができない。この点で「神話」は、現実に働きかける手段として評価されるべきであるとソレルはいう。「革命家たちが、ゼネストに関して空想的なイメージを思い描き、何から何までまちがっていたとしても、それらのイメージが、社会主義のあらゆる願望を完璧に認めたものだとすれば、そして、革命的な思想全体に、それ以外にはもたらし得なかった正確さと厳密さをあたえたとすれば、それらは革命を準備する過程で、第一級の力強い要素となることができるだろう」(ソレル『暴力論』上、今村仁司・塚原史訳、岩波文庫、二〇〇七年、二一九頁)。ソレルにとってゼネストとは、社会主義を全体として包み込む「神話」なのであり、社会主義的な闘争にまつわる諸々のイメージを組織化したものなのである。

このようなソレルの思想が、社会主義者モースとはさまざまな点で対照をなすことは注目に値する。議会主義的・共和主義的な立場、そして何よりもジョレスに対する深い共感の点で、モースはソレルと相反するし、「力」と「暴力」をめぐる考察については、前注＊2で触れたモースの連作記事、「暴力をめぐる考察」や、以下の本論に示されるとおりである。また、デュルケームが産業革命後のフランス社会において、デュルケームがいう意味での社会主義の実現に向けて期待を寄せていた同業組合《コルポラシオン》や、組合運動の範例としてモースが関心を寄せていたイギリスにおけるトレード・ユニオン(およびその主導者のシドニー・ウェッブ)の実践について、ソレルは批判的立場を示していることも注目されよう。ソレルは、これらがギルド精神に由来する旧来の陋習の維持にしか役立たず、同業者排他主義を導くというのである。

なお、『暴力論』出版後のソレルは革命的サンディカリズムから遠ざかり、シャルル・モーラスらを中心としたアクシオン・フランセーズ(反ドレフュスを起点として結成された反議会主義、反共和主義、王党派の政治組織)に接近した。塚原史も指摘するように、「モーラスの組織と『暴力論』の著者の接点が議会制デモクラシーへの反抗にあったこと」(塚原史「解題――ソレルはいかにして『暴力論』を書いたか?」前掲訳書、上、三一〇頁)は疑いえないであろう。最晩年のソレルは、ボリシェヴィキ革命とファシズムの動向に強い関心をいだいていたといわれる。

＊4 ここで言及されているのは、いわゆるフィリオクェ問題である。フィリオクェ問題は、聖霊発出論争にかかわるもので、ニカイア＝コンスタンティノポリス信条(ローマ・カトリック、東方正教会、アングリカンおよび主要なプロテスタント諸教会がそろって受け入れている唯一のキリスト教信仰告白)の解釈をめぐって闘わされたキリスト教神学上最大の論争の一つ。これを主たる原因として、カトリック教会と正教会の分裂、いわゆる大シスマ(一一世紀半ば)が引き起こされた。

ニカイア＝コンスタンティノポリス信条では、聖霊は「父より発出する」とされていた。これに対して、カトリック教会は、「フィリオクェ」すなわち「子からもまた」の一語を加えた。カトリック教会でいう聖霊は、父なる神と、子にして神であり人でもあるイエス・キリストとともに三位一体を形成しており、聖霊は「父および子より発出する」とされたのである。「フィリオクェ」の語は六世紀頃のスペインで付加され、ヨーロッパに広がったが、九世紀になって東方諸教会の反発が強まった。このため教皇レオ三世は、この語を信条から削らせたが、一一世紀になってローマで再びこの語が信条に取り入れられることになり、東西教会分裂の主因となった。「フィリオクェ filioque」は「子」を意味する名詞 filius の奪格 filio に、「～もまた」を意味する接尾辞的接続詞 que が付加されたもの。

国民論

＊1　アンリ・レヴィ＝ブリュルは、モースとともにパリ大学民族学研究所の創設（一九二五年）にかかわった哲学者・民族学者のリュシアン・レヴィ＝ブリュルの息子であり、法学者・社会学者。法社会学の確立者の一人と目される。

＊2　フルニエとテリエの校訂版(p. 66)によると、モース自身は一五四三年全国三部会と記しているが、この年には全国三部会は招集されておらず、編者のレヴィ＝ブリュルが一五七六年に修正した。しかし、一五七六年でも文脈には合致しない。一五七六年三部会は、宗教戦争の過程で、カトリック強硬派が結成したカトリック同盟が、ボダンをはじめとする第三身分の抵抗にもかか

わらず、勢力を伸張した会議だからである。フルニエとテリエの校訂版は、ロピタルが主要な役割を演じた一五六〇年の全国三部会のことではないかと示唆している。

＊3　クランとは人類学の用語で、単系出自集団(男系もしくは女系に沿って成員権が継承されるような親族集団)を指す。とくに、集団としての規模が比較的大きく、同じクランの成員どうしが、その系譜関係を同定できないような集団をクランという。これに対して、クランの内部に組織される比較的規模の小さい集団で、成員どうしがその相互的な系譜関係をたどることのできるような単系出自集団はリネージと呼ばれる。

モースの立論においては、複数のクランの集合体として部族が措定されており、したがって、部族が最上位の集団単位となっている。

＊4　「分節」は、デュルケーム社会学の用語としては「環節」と訳されることが多い。ここでは、人類学的な議論の汎用性に鑑みて「分節」と訳す。

「多分節的」もしくは「多環節的」とは、ゴカイ、ミミズ、ヒルなど、一般に細長い円筒形で、前後に連なるほぼ同じ構造をもった多数の環節からなる生物に類比される構造をあらわす。複数の同型集団、とりわけクランと呼ばれる親族集団が並置され、それよりも上位の統合組織をもたないのが「多分節社会」である。

＊5　ベルリン会議は、ロシア＝トルコ戦争に勝利したロシアと、ロシアのバルカン進出を恐れるイギリスやオーストリアとを調停するべく、ビスマルクが一八七八年に開いた会議。その結果、

ブルガリアはトルコの宗主権下で自治国となり、ルーマニア、セルビア、モンテネグロは独立を認められ、ボスニア、ヘルツェゴビナはオーストリアに委任されることとなって、ロシアの南下政策に打撃を与えた。

＊6　アレクサンドル・ケレンスキーはロシアの政治家。一九一七年のロシア二月革命において社会革命党(エスエル)の党員として活躍した。二月革命後の臨時政府に入閣。九月に首相に就任したが、第一次世界大戦の継続に専心し、戦争に反対する民衆を弾圧。このため民衆デモが発生し、結果的にケレンスキーは力を失って、労働者代表ソヴィエトが活発化し、ボリシェヴィキを中心とする左派勢力が急速に増大した。十月革命でケレンスキー政府は崩壊し、レーニンを中心とするボリシェヴィキ政権が樹立された。

文　明——要素と形態

＊1　二〇世紀前半のドイツ、オーストリアの民族学において隆盛を見た文化圏説では、特定の地域における物質文化、社会組織、経済、宗教、芸術などからなる文化複合を「文化圏」と呼んだ。地域俯瞰的に見るならば、文化要素の伝播により、新層の中心から古層の周縁へと同心円状に文化圏が広がるとする。これを歴史的に見るならば、古層にある周縁部の最広域の文化圏から、新層にある中心部の最狭域の文化圏まで、圏域の広がりが層状に重なることになり、このように捉

えられた文化圏の重なりを「文化層」と呼ぶ。ここでのモースの行論は、こうした理論にもとづいた文化史再構成の方法を念頭に置いている。文化圏の概念はフロベニウスによって民族学に導入され、フォイ、グレープナーらによって受容された。とくにシュミットは、世界大的な文化圏体系を措定し、人類史的な文化史再構成を試みたことで知られる。

＊2　フロベニウスはドイツの民族学者で、文化圏説・文化形態学の創始者であるとともに、アフリカ学者としても著名。他方のシュペングラーは、ドイツの文化哲学者・歴史学者。西欧中心の文明観を批判し、『西洋の没落』を著したことで知られる。フロベニウスとシュペングラーは一時期、研究協力の関係にあり、個別文化が生成・死滅のサイクルをもつとした点で論を同じくする。両者のこうした文化論は形而上学的、独断的とされ、学界に容れられなかった。

＊3　エトルリアは中央イタリア北部の名称。エトルリア人はここに紀元前八世紀頃にあらわれ、この地の先住民であるとも、小アジアのリュディアを起源とするともされる。他方ラテン人は、古代イタリアのラティウム地方に居住し、紀元前六世紀にエトルリア人の支配を受けたが、結束してそれに対抗するなかからローマが台頭した。束桿《ファスケス》は古代ローマにおける王や執政官の権威の象徴で、斧の周囲に何本もの棒を縦にならべ、皮紐で束ねたもの。ちなみにファシズムということばは、このファスケスのイタリア語読みである「ファッショ」(fascio)の複数形、「ファッシ」(fasci)に由来しており、「結束」「団結」を意味している。

訳者解説――国民《ナシオン》の思想家としてのマルセル・モース

本書は、マルセル・モース(一八七二―一九五〇)の数ある論考のなかから、第一次世界大戦後のモースの思索を示す三つのテクスト(うち一篇は口頭発表の記録)を選んで一書に編んだものである。とくに「国民論」を中心として、その前後に一篇ずつを配置している。これら三篇をこのように編むにあたっての訳者の意図を説明することをもって本書の解説としたい。

マルセル・モースというと、多くの読書人の脳裏に浮かぶのは、供犠論や呪術論や贈与論で名をなし、社会形態論を論ずるとともに人格論や身体技法論をも展開し、後進の若い研究者たちに対して民族誌学を講じたフランスの民族学者・社会学者というイメージであろう。モースの伝記的事象については、岩波文庫中の拙訳『贈与論 他二篇』(二〇一四年)の訳者解説に簡略ながら記述したし、そこにおいて民族学者・社会学者としてのモースの仕事の学術的な特徴についても論じておいたので、ここでそれを繰り返すことはしない。モースは、叔父であるデュルケームが創始し、確立したフランス社会学派の中核を担い続けた。したがって、フランスの民族学者・社会学者というこのモースのイメージに誤りのあろうはずはない。

その一方で、少なくとも日本においてあまり紹介されていないのは、同じモースが若い頃に社会主義思想の洗礼を受け、社会主義者ジャン・ジョレスに大きく傾倒した社会主義者でもあったということである。モースには、この社会主義者としての立場から発表した夥しい数にのぼる政治＝社会論的な論考や記事があると同時に、モース自身が活動家でもあり、とりわけ協同組合運動に深くコミットした経歴を有する。渡辺公三がいうように、この点でのモースの伝記的事象からは、たんなる民族学者・社会学者という像に結晶化することのない、「異貌のモース」(渡辺公三「レヴィ＝ストロースからさかのぼる」モース研究会『マルセル・モースの世界』平凡社新書、二〇一一年、七五頁)ともいうべき姿が浮かび上がってくる。民族学者・社会学者モースと、社会主義者であり、政治＝社会論的な思想家でもあったモース。二人のモースはどのように交差していたのであろうか。本書は、第一次世界大戦後の欧州状況のなかでこの二人のモースが交差する、そのありようを示すと思われ、その観点から重要性を有すると考えられる論考を三篇選んだものである。

三篇の中心に置いたのは、前述のとおり「国民論」である（原タイトルを和訳すると「国民」であるが、邦題としての分かりやすさに配慮して、ここでは「国民論」とした）。第一次世界大戦前から大戦を経由して大戦後のヨーロッパの政治＝社会状況を眼前にしたモースが、その状況を「国民《ナシオン》」をキーワードとして思索したその軌跡が、この未完の（そしてモースの生前には発表されることのなかった）大作にはこめられている。ここでモースは、近代ヨーロッパ文明の頽廃への意識（シュペングラーの『西洋の没落』を想起しよう）が蔓延しつつあった当時の西欧にあって、そのような頽廃論に安易に与《くみ》することなく、「ナシオン」の勃興という政治＝社会状況を見据えながら、すでに確立した国民《ナシオン》と、今まさに国民として存立しようとしている民族《ナショナリテ》との相克として全体を把握しようとしている。それと同時に、さまざまな国民を組織したものとしての間国民主義（インターナショナリズム）にある種の希望を見いだそうともしている。

この論考には、モースが考える国民のあり方が、あるときには明確に、あるときには断片的ながら、あらわれている。ここでそのいくつかを拾い上げてみよう。「ある国家の市民の総体であり、国家それ自体とは異なるものとしての市民の総体」（本書九四頁）。

これはモースが考える「国民」の必要最小限の条件を示したともいえる一節である。別の箇所では、「国民概念と不可分の民主主義体制」(本書九五頁)であるとか、「〈国民〉というのはあるコンセンサスによって鼓舞された市民たちである」(本書一四四頁)とかといわれており、国民と市民参加による民主主義との不可分のつながりが想定されていたことが分かる。「国民とは、祖国愛《パトリオティスム》が決定的な仕方で花開く理想的な場だったのである。共和主義的という語とパトリオットという語とは、そもそものはじめから結ばれあっていたのだ」(本書九八頁)。「国民が存在するのは、市民が議会への代表をとおして国家の行政に参加するかぎりにおいてである」(本書一四二頁)。ここからは、国民という概念が議会主義ないしは共和主義との結びつきにおいて捉えられ、さらにそれが祖国愛と関連づけられていることが分かる。これらの断片的な節は、次のような「国民」の定義へと通ずることになる。

わたしは国民《ナシオン》ということばを次のように解する。物質的にも精神的にも統合された社会であり、安定した恒常的な中央権力を備え、境界が規定され、住民が国家およびその法に自覚的に参与しつつ、倫理的、心的、文化的に相対的な統一性を有する

ような社会である、と。(本書一二二頁)

その一方でモースは、国民の個別化とも呼べる現象にも考察を加えている。近代ヨーロッパにおける諸々の国民の成立が、それによって文明の画一化にいたることはなく、むしろ逆に各国民が個別化を遂げているという考察である。この点から「ナショナリズム」には否定的な評価が与えられていることにも注目しておくべきであろう。「ナショナリズムがナショナルな意識という病弊を生みだす」(本書一〇二頁)。国民が相互に個別化し、それぞれに内向してゆくことへの危機感には、第一次世界大戦を経験したモースにとって(モース自身が従軍経験をしている)、きわめて強いものがあったと思われる。

そうであればこそ、モースは特定の国民を超えたレベルで展開される間国民的な諸現象に着目したのであったといえるのではないだろうか。そこには、さまざまな文化要素が国民の境界を越えて伝播し、移動するという現象への着目から、より組織化された国民どうしの関係調整への期待までを見てとることができる。「近代的な国民どうしの関係は、とりわけ強大な国民どうしの関係は、社会間のさまざまな関係の一つの事例にすぎない」(本書一七七頁)のだ。

社会の場合は、他の社会のなかで生きている。いいかえるなら、結局のところ、社会が生きている環境がたんに物理的なものでも地理的なものでもないかぎりにおいて、社会にとっての環境は社会自身と同じ性質で同じ次元のものである。(中略)一つの社会というものは、それを構成している個々の個体にとってはすでに一つの環境をなしているのであるけれども、それと同じ意味で環境をなしている他のさまざまな社会のただなかで生きている。したがって、次のようにいうならば、ことがらを正確にいいあらわしていることになるのではないだろうか。社会間関係のあり方にかかわる間国民的な諸条件の総体、あるいはもっと適切にいうなら、間社会的な諸条件の総体とは、さまざまな環境が織りなす環境なのである、と。(本書一八四—一八五頁)

つまりは、個々人にとっての環境であるところの社会は、他の社会との関係という上位レベルの環境のなかに存立している。いいかえるならば、間国民的な現象というものはメタ社会的な現象なのであり、メタ環境的な現象なのだということである。この観点からモースは、国民の境界を越えて現象化するさまざまな事象を、文明、技術、審美性、宗教、法、言語の諸項目に沿って考察している。この行論のなかでモースが、「一つの科学的かつ技術的な普遍言語が創造されている（中略）。こうした言語に加えて、技芸や経済や法の諸形態が拡大を遂げていることは、あらゆるところで同一の特殊な言語を生まずにはいない」（本書二二四頁）と、あたかも現今の「グローバル化」を見越したような認識を示していることにも注目しておきたい。

さて、このような大作たる「国民論」に加えて、本書ではその前に「ボリシェヴィズムの社会学的評価」を、その後に「文明――要素と形態」を、それぞれ配列した。「ボリシェヴィズムの社会学的評価」は、一九二四年に『形而上学・倫理学雑誌』に掲載された論考である。いうまでもなく、ボリシェヴィズム革命（ロシア革命）は、第一次世界大戦末期から大戦後の社会主義環境に大きな衝撃と影響を与えた事象である。当時のモースは、まとまった著作としてボリシェヴィズム論を執筆することを企図していたが、その序論と結論を公刊することができたにすぎなかった。序論部分は、「社会主義とボリシェヴィズム」という表題のもとに、一九二五年に『スラヴ世界』誌に公表されている。本書では、この序論部分の翻訳も含めたかったのであるが、紙幅の都合でこれを割愛した。

他方で、公刊された結論部分が「ボリシェヴィズムの社会学的評価」である。ここには、社会革命と国民《ナシオン》との緊密な関係が主題化されている。「およそあらゆる〈社会革命〉はナショナルな性格をもっていなくてはならないであろう」(本書一七頁)。ここにモースの洞察があり、ボリシェヴィズムにかかわるモースの政治=社会論的な思索と、国民《ナシオン》の思想家たるモースとの交差点が見いだされる。ここにおいて、モースのボリシェヴィズムに対する評価ははなはだ否定的である。

> カタストロフィに発した社会主義的な社会が、劣悪な条件のもとで生まれ出たのである、と。そして、たとえそれが社会主義的な体制であったとしても、少数者によって押しつけられた体制であれば、それはもともと望まれていた何らかの体制ほどの価値は決してもたないものである、と。定義の上から、社会主義とは市民の「一般意思」がつくりあげるものでなくてはならないのである。(本書一六頁)

これと歩調を合わせ、前述の「社会主義とボリシェヴィズム」において、モースはイギリス革命、アメリカ革命（アメリカ合衆国独立革命）、およびフランス革命の三革命を取り上げつつ、次のように論評している。「これら三つのケースにおいては（中略）、成熟し、みずからの意志で行動する国民《ナシオン》が腐敗した体制を打倒しているのである」(Marcel Mauss, « Socialisme et bolchevisme », *Le monde slave*, Nouvelle série, 2e année, n°. 2, 1925, p. 213)。これとは反対に、ロシア革命は（そしてドイツ革命も）国民の所産などではない、というのがモースの評価なのだ（*ibid.*）。

この論考には、このように国民《ナシオン》についての思想家たるモースの真骨頂があらわれているといえるのではないだろうか。その一方で、モースの反暴力的な志向性が前面に示されていることも注目に値する。ボリシェヴィキ革命は、国民の自覚的な行為であるどころか、それがふるう暴力によって「国民の総合的な萎縮」（本書三九頁）をもたらすことしかしなかったとモースは喝破しているからである。こうしたモースの反暴力的な傾向に関連しては、ボリシェヴィズムとファシズムとを批判的な考察の俎上に載せ、一九二三年二月から三月にかけて『社会主義的生』紙にモースが五回にわたって連載した「暴力をめぐる考察」がある（これの翻訳についても、紙幅の都合から本書では割愛した）。

さらにまた、次のような一節を読んでみよう。

暴力は労働の敵対物であり、希望の破壊者であり、自己に対する信頼および他者に対する信頼の破壊者なのだ。人間は必要に迫られて労働するのとならんで、自己への信頼と他者への信頼とに導かれて労働をおこなうものである。それなのに、暴力はこの信頼を破壊するのである。社会のなかで個人と個人とを一体的に結びつける不可視の紐帯は無数にある。契約と契約を、信頼と信頼を、信用《クレディ》と信用を、契約された営為と取引(*res et rationes contractae*)を結びつける不可視の紐帯は無数にある。この土壌の上にこそ、他者を満足させようとする情熱が芽生え、生育しうるのだ。そのとき人は、この他者に信を置くようになるのである。(本書四一頁)

恐怖と威嚇は、国家と専制体制をぎりぎりの線で維持するものである。だがそれは、人間的な慈悲を生みだすこともなければ、愛を生みだすこともなく、こういってよければ、つまるところ、献身を生みだすこともない。ところが、すべての労働者が互いに献身しあうような社会であろうとするとき、その社会には肯定的な感覚を鼓吹することが他の社会以上に必要となるのである。(本書四二頁)

このような考察を経て、モースは「友愛《アミティエ》」ならびに「共同性《コミュノテ》」という概念にゆきつくことになる。ここに「贈与論」(拙訳『贈与論 他二篇』所収)のモースと響きあうものを認めることは間違いではないだろう。個人が、あるいは集団が、自分の内部に閉じこもることなく、他者を目がけて自分の外に出ること。それが人間存在の基底であると論じたモースと響きあうものを認めることは間違いではない。そうであるとすれば、「ボリシェヴィズムの社会学的評価」は、政治＝社会論の文脈で「贈与論」を補完する論考であり、「贈与論」と対をなして読まれるべき重要なテクストであるということができるであろう。

最後に、「国民論」の後に配置した「文明――要素と形態」である。一読すれば分かるとおり、ここでモースは純然たる民族学者としてふるまっている。独墺学派にあって世界大的な文化史(文明史)の再構成を図った文化圏説や、アメリカ合衆国においてアメリカ先住民研究を基盤として発展してきた文化領域論を念頭に置きつつ、「文明」という主題に対して民族学的立場からアプローチしている。しかしながらその考察は、さまざまな文化要素が「旅をする」こと(伝播移動すること)についてなされている。ある文明が他の文明からどのような要素を受容したのかとともに、いやそれ以上に、どのような要素を拒絶したのかについてなされている。ここには、「国民論」の後半部分でモースが力説した間国民的な諸現象と強力に関連づけられるものがある。「国民論」でのモースの立論においては、「国民」の存立条件となり、また、間国民性の基盤をなす重要な要素の一つが「文明」であったことに思いを馳せるならば、国民について思索をめぐらせていた同時代のモースが文明についてもまとまった発言をしていることは、むしろ当然とも思われるのである。モースの論考は、一社会の文明に、あるいは複数社会を包含するような大文明に局限されるところがない。むしろ、社会間関係に、あるいは文明間関係に関心が集中しているところに、民族学者モースが、政治＝社会論的思索家であるモースと交差する地点を測定することができるのではないか。

その意味で、モースは何らかの境界（とりわけ地理的・地政学的境界）の内部に研究対象を限定する志向性をもった研究者ではなかった。民族学者・社会学者としてのモースにしてからが、たとえば右の「贈与論」に触れて述べたように、他者を目がけて自己の外に出ることを重視した研究者であった。このような志向性が遺憾なく発揮されたのが、このモースの文明論であると位置づけることができる。その一方で、モースは社会主義の実践家・活動家として多くの論考や記事をものし、みずからも協同組合運動に身を投じた。いうなれば、実践家・活動家としてのモースがまさしく他者を目がけてみずからの外に出た、その外に出る経験の場であったのが、社会主義であり協同組合運動であったのではないだろうか。民族学者・社会学者としてのモースと、実践家・活動家としてのモース。それらを並置するとき、確かに一方は他方にとって「異貌のモース」であるのにちがいない。だが、それらを貫通するもの、それらに通底するもの、それこそが「開かれ」への志向性を有した人格としてのモースであろう。モースが「贈与論」で述べたように、他者への「開かれ」が人間存在の基底であるとするなら、それは何よりもまず、マルセル・モースという人格存在にとっての基底であったはずなのである。

本訳書に編んだ三篇の論考は、いずれも本邦初訳である。ただし、「ボリシェヴィズムの社会学的評価」にかんしては、小関藤一郎氏によるやや長めの日本語での要約がある（小関藤一郎「モース（Marcel Mauss）の政治社会学論について」『関西学院大学社会学部紀要』第八四号、二〇〇〇年、三九―五六頁）。

翻訳にあたって、古典ギリシア語および古典ラテン語については日向太郎氏（東京大学)の、ドイツ語については足立信彦氏(東京大学)ならびに一條麻美子氏(東京大学)の、ロシアにかかわる事象については渡邊日日氏(東京大学)の、それぞれ懇切なご指導とご教示をいただいた。また、モースのフランス語原文にかんする不明事項については、パトリック・ドゥヴォス(Patrick DeVos)氏(東京大学)にご意見とご教示をいただいた。以上の諸先生には記して謝意を表したい。もちろん、本書に残っているであろう翻訳上の過ちは、ひとえに訳者の責任に帰されるものである。また、「ボリシェヴィズムの社会学的評価」については、その英語訳(Marcel Mauss, "A sociological assessment of Bolshevism (1924-5)," translated and annotated by Ben Brewster, *Economy and Society*, vol. 13, 1984, pp. 331-374. 以下に再録。Mike Gane, ed., *The Radical Sociology of Durkheim and Mauss*, London and New York: Routledge, 1992, pp. 165-211)も参照したことをお断りしておく。

岩波書店編集部の清水愛理氏は、本書の最初の読者として有益かつ的確なコメントを訳者に施してくださり、訳者を励ましてくださるとともに叱咤していただいた。心から感謝申し上げる。最後になるが、モースのボリシェヴィズム論を日本の読書界に広く知らしめることを切望されていた故今村仁司先生に、本書を捧げたい。

国《こく》民《みん》論《ろん》 他二篇　マルセル・モース著

2018年11月16日　第1刷発行

編訳者　森《もり》山《やま》工《たくみ》

発行者　岡本　厚

発行所　株式会社　岩波書店
〒101-8002 東京都千代田区一ツ橋 2-5-5
案内 03-5210-4000　営業部 03-5210-4111
文庫編集部 03-5210-4051
http://www.iwanami.co.jp/

印刷・理想社　カバー・精興社　製本・中永製本

ISBN 978-4-00-342282-3　　Printed in Japan

読書子に寄す

──岩波文庫発刊に際して──

岩波茂雄

真理は万人によって求められることを自ら欲し、芸術は万人によって愛されることを自ら望む。かつては民を愚昧ならしめるために学芸が最も狭き堂宇に閉鎖されたことがあった。今や知識と美とを特権階級の独占より奪い返すことはつねに進取的なる民衆の切実なる要求である。岩波文庫はこの要求に応じそれに励まされて生まれた。それは生命ある不朽の書を少数者の書斎と研究室とより解放して街頭にくまなく立たしめ民衆に伍せしめるであろう。近時大量生産予約出版の流行を見る。その広告宣伝の狂態はしばらくおくも、後代にのこすと誇称する全集がその編集に万全の用意をなしたるか。千古の典籍の翻訳企図に敬虔の態度を欠かざりしか。さらに分売を許さず読者を繋縛して数十冊を強うるがごとき、はたしてその揚言する学芸解放のゆえんなりや。吾人は天下の名士の声に和してこれを推挙するに躊躇するものである。このときにあたって、岩波書店は自己の責務のいよいよ重大なるを思い、従来の方針の徹底を期するため、すでに十数年以前より志して来た計画を慎重審議この際断然実行することにした。吾人は範をかのレクラム文庫にとり、古今東西にわたって文芸・哲学・社会科学・自然科学等種類のいかんを問わず、いやしくも万人の必読すべき真に古典的価値ある書をきわめて簡易なる形式において逐次刊行し、あらゆる人間に須要なる生活向上の資料、生活批判の原理を提供せんと欲する。この文庫は予約出版の方法を排したるがゆえに、読者は自己の欲する時に自己の欲する書物を各個に自由に選択することができる。携帯に便にして価格の低きを最主とするがゆえに、外観を顧みざるも内容に至っては厳選最も力を尽くし、従来の岩波出版物の特色をますます発揮せしめようとする。この計画たるや世間の一時の投機的なるものと異なり、永遠の事業として吾人は微力を傾倒し、あらゆる犠牲を忍んで今後永久に継続発展せしめ、もって文庫の使命を遺憾なく果たさしめることを期する。芸術を愛し知識を求むる士の自ら進んでこの挙に参加し、希望と忠言とを寄せられることは吾人の熱望するところである。その性質上経済的には最も困難多きこの事業にあえて当たらんとする吾人の志を諒として、その達成のため世の読書子とのうるわしき共同を期待する。

昭和二年七月

《法律・政治》〔白〕

人権宣言集 — 高木八尺・末延三次・宮沢俊義 編
新版 世界憲法集 第二版 — 高橋和之 編
君主論 — マキァヴェッリ 河島英昭 訳
フィレンツェ史 全二冊 — マキァヴェッリ 齊藤寛海 訳
リヴァイアサン 全四冊 — ホッブズ 水田洋 訳
ビヒモス — ホッブズ 山田園子 訳
法の精神 全三冊 — モンテスキュー 野田良之・稲本洋之助・上原行雄・田中治男・三辺博之・横田地弘 訳
ローマ人盛衰原因論 — モンテスキュー 田中治男・栗田伸子 訳
第三身分とは何か — シィエス 稲本洋之助・伊藤洋一・川出良枝・松本英実 訳
人間知性論 全四冊 — ジョン・ロック 大槻春彦 訳
完訳 統治二論 — ジョン・ロック 加藤節 訳
ルソー 社会契約論 — 桑原武夫・前川貞次郎 訳
フランス二月革命の日々 —トクヴィル回想録 — トクヴィル 喜安朗 訳
アメリカのデモクラシー 全四冊 — トクヴィル 松本礼二 訳
犯罪と刑罰 — ベッカリーア 風早八十二・五十嵐二葉 訳
ヴァジニア覚え書 — T・ジェファソン 中屋健一 訳
リンカーン演説集 — 高木八尺・斎藤光 訳
権利のための闘争 — イェーリング 村上淳一 訳
民主主義の本質と価値 他一篇 — ハンス・ケルゼン 長尾龍一・植田俊太郎 訳
法における常識 — P.G.ヴィノグラドフ 末延三次・伊藤正己 訳
近代国家における自由 — H・J・ラスキ 飯坂良明 訳
危機の二十年 —理想と現実 — E・H・カー 原彬久 訳
ザ・フェデラリスト — A・ハミルトン J・ジェイ J・マディソン 斎藤眞・中野勝郎 訳
アメリカの黒人演説集 —キング・マルコムX・モリスン 他 — 荒このみ 編訳
マッツィーニ 人間の義務について — 齋藤ゆかり 訳
モーゲンソー 国際政治 全三冊 —権力と平和 — 原彬久 監訳
ポリアーキー — ロバート・A・ダール 高畠通敏・前田脩 訳
現代議会主義の精神史的状況 他一篇 — カール・シュミット 樋口陽一 訳
第二次世界大戦外交史 全二冊 — 芦田均

《経済・社会》〔白〕

政治算術 — ペティ 大内兵衛・松川七郎 訳
ケネー 経済表 — 平田清明・井上泰夫 訳
チュルゴオ 富に関する省察 — 永田清 訳
国富論 全四冊 — アダム・スミス 水田洋 監訳 杉山忠平 訳
道徳感情論 全二冊 — アダム・スミス 水田洋 訳
コモン・センス 他三篇 — トーマス・ペイン 小松春雄 訳
ロバート・マルサス初版 人口の原理 — ロバート・マルサス 高野岩三郎・大内兵衛 訳
経済学における諸定義 — マルサス 玉野井芳郎 訳
オウエン自叙伝 — ロバアト・オウエン 五島茂 訳
経済学および課税の原理 全二冊 — リカードウ 羽鳥卓也・吉澤芳樹 訳
農地制度論 — フリードリッヒ・リスト 小林昇 訳
戦争論 全三冊 — クラウゼヴィッツ 篠田英雄 訳
自由論 — J・S・ミル 塩尻公明・木村健康 訳
大学教育について — J・S・ミル 竹内一誠 訳
ユダヤ人問題によせて ヘーゲル法哲学批判序説 — マルクス 城塚登 訳
経済学・哲学草稿 — マルクス 城塚登・田中吉六 訳
新編輯版 ドイツ・イデオロギー — マルクス エンゲルス 廣松渉 編訳 小林昌人 補訳
哲学の貧困 — カール・マルクス 山村喬 訳
マルクス エンゲルス 共産党宣言 — 大内兵衛・向坂逸郎 訳
賃労働と資本 — マルクス 長谷部文雄 訳

賃銀・価格および利潤　マルクス　長谷部文雄訳
マルクス 経済学批判　武田隆夫・遠藤湘吉・大内力・加藤俊彦訳
マルクス 資本論　全九冊　エンゲルス編　向坂逸郎訳
文学と革命　全二冊　トロツキイ　桑野隆訳
ロシア革命史　全五冊　トロツキー　藤井一行訳
空想より科学へ　—社会主義の発展　エンゲルス　大内兵衛訳
帝国主義論　全二冊　ホブスン　矢内原忠雄訳
帝国主義　レーニン　宇高基輔訳
暴力論　全二冊　ソレル　今村仁司・塚原史訳
金融資本論　全三冊　ヒルファディング　岡崎次郎訳
ローザ・ルクセンブルク 獄中からの手紙　秋元寿恵夫訳
産業革命　アシュトン　中川敬一郎訳
雇用、利子および貨幣の一般理論　全二冊　ケインズ　間宮陽介訳
価値と資本　—経済理論の若干の基本原理に関する研究　全二冊　J・R・ヒックス　安井琢磨・熊谷尚夫訳
シュムペーター 経済発展の理論　全二冊　塩野谷祐一・中山伊知郎・東畑精一訳
租税国家の危機　シュムペーター　木村元一・小谷義次訳
恐慌論　宇野弘蔵

経済原論　宇野弘蔵
ユートピアだより　ウィリアム・モリス　川端康雄訳
古代社会　全二冊　L・H・モルガン　青山道夫訳
アメリカ先住民のすまい　L・H・モーガン　古代社会研究会訳　上田篤監修
ゲマインシャフトとゲゼルシャフト　—純粋社会学の基本概念　全二冊　テンニエス　杉之原寿一訳
社会科学と社会政策にかかわる認識の「客観性」　マックス・ヴェーバー　富永祐治・立野保男訳　折原浩補訳
プロテスタンティズムの倫理と資本主義の精神　マックス・ヴェーバー　大塚久雄訳
職業としての学問　マックス・ヴェーバー　尾高邦雄訳
社会学の根本概念　マックス・ヴェーバー　清水幾太郎訳
職業としての政治　マックス・ヴェーバー　脇圭平訳
古代ユダヤ教　全三冊　マックス・ヴェーバー　内田芳明訳
宗教と資本主義の興隆　—歴史的研究　全二冊　トーニー　出口勇蔵・越智武臣訳
未開社会の思惟　全二冊　レヴィ・ブリュル　山田吉彦訳
社会学的方法の規準　デュルケム　宮島喬訳
通過儀礼　ファン・ヘネップ　綾部恒雄・綾部裕子訳
世論　全二冊　リップマン　掛川トミ子訳

天体による永遠　オーギュスト・ブランキ　浜本正文訳
王権　A・M・ホカート　橋本和也訳
鯰絵　—民俗的想像力の世界　C・アウエハント　小松和彦・中沢新一・飯島吉晴・古家信平訳
贈与論　他二篇　マルセル・モース　森山工訳
ヨーロッパの昔話　その形と本質　マックス・リュティ　小澤俊夫訳

《自然科学》〔青〕

科学と仮説　ポアンカレ　河野伊三郎訳
改訳 科学と方法　ポアンカレ　吉田洋一訳
科学者と詩人　ポアンカレ　平林初之輔訳
エネルギー　オストヴァルト　山県春次訳
星界の報告　他一篇　ガリレオ・ガリレイ　山田慶児・谷泰訳
大陸と海洋の起源　—大陸移動説　全二冊　ヴェーゲナー　都城秋穂・紫藤文子訳
ロウソクの科学　ファラデー　竹内敬人訳
種の起原　全二冊　ダーウィン　八杉龍一訳
人及び動物の表情について　ダーウィン　浜中浜太郎訳
実験医学序説　クロード・ベルナール　三浦岱栄訳
完訳 ファーブル昆虫記　全十冊　山田吉彦・林達夫訳

《哲学・教育・宗教》〔青〕

ソクラテスの弁明・クリトン　プラトン　久保勉訳
ゴルギアス　プラトン　加来彰俊訳
饗宴　プラトン　久保勉訳
テアイテトス　プラトン　田中美知太郎訳
パイドロス　プラトン　藤沢令夫訳
メノン　プラトン　藤沢令夫訳
国家　全二冊　プラトン　藤沢令夫訳
プロタゴラス　—ソフィストたち　プラトン　藤沢令夫訳
法律　全二冊　プラトン　森進一・池田美恵・加来彰俊訳
パイドン　—魂の不死について　プラトン　岩田靖夫訳
クセノフォーン　ソークラテースの思い出　佐々木理訳
アナバシス　—敵中横断六〇〇〇キロ　クセノポン　松平千秋訳
アリストテレス　ニコマコス倫理学　全二冊　高田三郎訳
アリストテレス　形而上学　全二冊　出隆訳
アリストテレス　弁論術　戸塚七郎訳
アリストテレース　詩学
ホラーティウス　詩論　松本仁助・岡道男訳

物の本質について　ルクレーティウス　樋口勝彦訳
エピクロス　—教説と手紙　出隆・岩崎允胤訳
生の短さについて　他二篇　セネカ　大西英文訳
怒りについて　他二篇　セネカ　兼利琢也訳
マルクス・アウレーリウス　自省録　神谷美恵子訳
老年について　キケロー　中務哲郎訳
友情について　キケロー　中務哲郎訳
エラスムス＝トマス・モア往復書簡　沓掛良彦・高田康成訳
方法序説　デカルト　谷川多佳子訳
哲学原理　デカルト　桂寿一訳
情念論　デカルト　谷川多佳子訳
パンセ　全三冊　パスカル　塩川徹也訳
知性改善論　スピノザ　畠中尚志訳
スピノザ　エチカ　(倫理学)　全二冊　畠中尚志訳
聖トマス　形而上学叙説　—有と本質とに就いて　高桑純夫訳
君主の統治について　—謹んでキプロス王に捧げる　トマス・アクィナス　柴田平三郎訳
エミール　全三冊　ルソー　今野一雄訳

孤独な散歩者の夢想　ルソー　今野一雄訳
人間不平等起原論　ルソー　本田喜代治・平岡昇訳
ルソー　社会契約論　桑原武夫・前川貞次郎訳
政治経済論　ルソー　河野健二訳
演劇について　—ダランベールへの手紙　ルソー　今野一雄訳
言語起源論　—旋律と音楽的模倣について　ルソー　増田真訳
ラモーの甥　ディドロ　本田喜代治・平岡昇訳
道徳形而上学原論　カント　篠田英雄訳
啓蒙とは何か　他四篇　カント　篠田英雄訳
純粋理性批判　全三冊　カント　篠田英雄訳
カント　実践理性批判　波多野精一・宮本和吉・篠田英雄訳
判断力批判　全二冊　カント　篠田英雄訳
永遠平和のために　カント　宇都宮芳明訳
プロレゴメナ　カント　篠田英雄訳
人間の使命　フィヒテ　宮崎洋三訳
学者の使命・学者の本質　フィヒテ　宮崎洋三訳
ヘーゲル　政治論文集　全二冊　金子武蔵訳

歴史哲学講義 全二冊　ヘーゲル　長谷川宏訳
ブルーノ　シェリング　服部英次郎・井上庄七訳
自殺について 他四篇　ショウペンハウエル　斎藤信治訳
読書について 他二篇　ショウペンハウエル　斎藤忍随訳
知性について 他四篇　ショーペンハウエル　細谷貞雄訳
将来の哲学の根本命題 他二篇　フォイエルバッハ　松村一人・和田楽訳
不安の概念　キェルケゴール　斎藤信治訳
死に至る病　キェルケゴール　斎藤信治訳
シュヴェーグラー西洋哲学史 全二冊　谷川徹三・松村一人訳
体験と創作 全二冊　ディルタイ　柴田治三郎・小牧健夫訳
眠られぬ夜のために 全二冊　ヒルティ　草間平作・大和邦太郎訳
幸福論 全三冊　ヒルティ　草間平作・大和邦太郎訳
悲劇の誕生　ニーチェ　秋山英夫訳
ツァラトゥストラはこう言った 全二冊　ニーチェ　氷上英廣訳
道徳の系譜　ニーチェ　木場深定訳
善悪の彼岸　ニーチェ　木場深定訳
この人を見よ　ニーチェ　手塚富雄訳

プラグマティズム　W・ジェイムズ　桝田啓三郎訳
宗教的経験の諸相 全二冊　W・ジェイムズ　桝田啓三郎訳
純粋現象学及現象学的哲学考案 全二冊　フッセル　池上鎌三訳
デカルト的省察　フッサール　浜渦辰二訳
社会学の根本問題 個人と社会　ジンメル　清水幾太郎訳
笑い　ベルクソン　林達夫訳
物質と記憶　ベルクソン　熊野純彦訳
時間と自由　ベルクソン　中村文郎訳
数理哲学序説　ラッセル　平野智治訳
ラッセル教育論　安藤貞雄訳
ラッセル幸福論　安藤貞雄訳
ラッセル結婚論　安藤貞雄訳
存在と時間 全四冊　ハイデガー　熊野純彦訳
学校と社会　デューイ　宮原誠一訳
民主主義と教育 全二冊　デューイ　松野安男訳
歴史と自然科学・道徳の原理に就て・聖「プレルーディエン」より　ヴィンデルバント　篠田英雄訳
我と汝・対話　マルティン・ブーバー　植田重雄訳

アラン 幸福論　神谷幹夫訳
四季をめぐる51のプロポ　アラン　神谷幹夫編訳
アラン 定義集　神谷幹夫訳
文法の原理 全三冊　イェスペルセン　安藤貞雄訳
日本の弓術　オイゲン・ヘリゲル述　柴田治三郎訳
ギリシア哲学者列伝 全三冊　ディオゲネス・ラエルティオス　加来彰俊訳
天才・悪　ブレンターノ　篠田英雄訳
比較言語学入門　高津春繁
人間の頭脳活動の本質 他一篇　ディーツゲン　小松摂郎訳
ソクラテス以前以後　F・M・コーンフォード　山田道夫訳
連続性の哲学　パース　伊藤邦武編訳
論理哲学論考　ウィトゲンシュタイン　野矢茂樹訳
自由と社会的抑圧　シモーヌ・ヴェイユ　冨原眞弓訳
根をもつこと 全二冊　シモーヌ・ヴェイユ　冨原眞弓訳
重力と恩寵　シモーヌ・ヴェイユ　冨原眞弓訳
全体性と無限 全二冊　レヴィナス　熊野純彦訳
啓蒙の弁証法 ―哲学的断想　M・ホルクハイマー　T・W・アドルノ　徳永恂訳